Schreibwege Deutsch Sek I

Textbezogenes Schreiben

Erzähltexte analysieren und deuten 9/10

Herausgegeben von Andrea Stadter
Erarbeitet von Beate Wolfsteiner

C.C. BUCHNER VERLAG

Schreibwege
Deutsch Sek I

Textbezogenes Schreiben

Erzähltexte analysieren und deuten 9/10

Herausgegeben von Andrea Stadter
Erarbeitet von Beate Wolfsteiner

1. Auflage, 1. Druck 2023
Alle Drucke dieser Auflage sind, weil unverändert, nebeneinander benutzbar.

Dieses Werk folgt der reformierten Rechtschreibung und Zeichensetzung. Ausnahmen bilden Texte, bei denen künstlerische, philologische oder lizenzrechtliche Gründe einer Änderung entgegenstehen.

© 2023 C.C.Buchner Verlag, Bamberg
Das Werk und seine Teile sind urheberrechtlich geschützt. Jede Nutzung in anderen als den gesetzlich zugelassenen Fällen bedarf der vorherigen schriftlichen Einwilligung des Verlages. Das gilt insbesondere auch für Vervielfältigungen, Übersetzungen und Mikroverfilmungen. Hinweis zu § 52 a UrhG: Weder das Werk noch seine Teile dürfen ohne eine solche Einwilligung eingescannt und in ein Netzwerk eingestellt werden. Dies gilt auch für Intranets von Schulen und sonstigen Bildungseinrichtungen.

Redaktion: Marie-Therese Muswieck
Satz: ideen.manufaktur, Bochum
Druck und Bindung: Brüder Glöckler GmbH, Wöllersdorf

www.ccbuchner.de

ISBN: 978-3-661-12022-5

Vorwort

Zur Konzeption des Heftes

Das Arbeitsheft führt dich Schritt für Schritt durch den Schreibprozess: von der Untersuchung erzählender Texte und der daraus erwachsenden Schreibplanung über die Formulierung bis hin zur Überarbeitung deines Zieltextes. So lernst du das Schreiben eines interpretierenden Textes.

Den inhaltlichen Rahmen bildet das Thema **„Außergewöhnliche Begegnungen"**. Zu diesem Thema findest du vier erzählende Texte, die die Basis für die Schreibaufgaben liefern:

Thomas Bernhard: *Umgekehrt* (1978)
Reiner Kunze: *Fünfzehn* (1976)
Jenny Erpenbeck: *Kairos* (2021)
Gabriele Wohmann: *Ein netter Kerl* (1978)

Du erschließt zunächst im **ersten Kapitel** ein Lösungsbeispiel, indem du Ausgangstext und Zieltext vergleichend untersuchst und so Aufbau und Formulierungsstrategien eines interpretierenden Textes kennenlernst.

In **Kapitel 2** lernst du, wie du eine Deutungshypothese zu einem erzählenden Text verfasst und wie du einen erzählenden Text strukturiert zusammenfasst, sodass Inhalt und Aufbau dargestellt werden.

Das **Kapitel 3** enthält neben lösbaren Aufgaben wichtige Informationen zu typischen Analysekategorien erzählender Texte, damit das Untersuchen und Deuten der sprachlichen Gestaltung gezielt trainiert werden kann. Dazu wirst du schrittweise angeleitet und erhältst Hilfen zum Formulieren deiner Analyseergebnisse. Im Fokus steht dabei auch, mehrere sprachliche Gestaltungsmittel im Zusammenhang zu deuten und auf die Deutungshypothese zu beziehen.

In **Kapitel 4** kannst du noch einmal üben und anwenden, was du in den Kapiteln 1-3 gelernt hast.

Wichtiges Handwerkszeug (**Wissen** und **Methoden**), auf das du beim Interpretieren zurückgreifen kannst, ist grafisch gekennzeichnet (**Im Fokus:**).

Für den Ausbau deines sprachlichen Repertoires beim Formulieren interpretierender Texte werden dir **Formulierhilfen** (**Formuliere!**) an die Hand gegeben.

In allen Kapiteln hast du die Möglichkeit, die Aufgaben zur Erstellung deines interpretierenden Textes **entweder in deinem Heft oder direkt am Computer oder Laptop** zu erledigen. Das Symbol zeigt dir diese Möglichkeit an. Generelle Hinweise für die **Arbeit am PC** erhältst du immer wieder in den Aufgaben, angeleitet wird dabei auch der Umgang mit der Kommentarfunktion der Textverarbeitung. Achte dafür auf das Symbol.

Viel Erfolg beim Training mit **„Schreibwege zum Analysieren und Deuten von Erzähltexten 9/10"**!

3 Vorwort

1 Grundlagen des textbezogenen Schreibens erschließen ... 5

2 Den Inhalt eines Erzähltextes strukturiert zusammenfassen ... 10
- 2.1 Die Schreibaufgabe verstehen ... 11
- 2.2 Den Text untersuchen ... 12
- 2.3 Den Basissatz mit Deutungshypothese formulieren ... 15
- 2.4 Die Textzusammenfassung planen und schreiben ... 17
- 2.5 Die Textzusammenfassung überarbeiten ... 20
- 2.6 Selbstständig eine strukturierte Zusammenfassung formulieren ... 21

3 Einen Erzähltext deuten ... 25
- 3.1 Die sprachliche Gestaltung untersuchen und schriftlich interpretieren ... 25
- 3.2 Mehrere sprachliche Gestaltungsmittel im Zusammenhang deuten ... 29
- 3.3 Die Erzählinstanz und die Darstellungsweise eines Textes untersuchen ... 33
- 3.4 Die Zeitgestaltung eines Erzähltextes untersuchen ... 36
- 3.5 Eine Deutung formulieren und überarbeiten ... 39

4 Einen interpretierenden Text selbstständig verfassen ... 40
- 4.1 Die Schreibaufgabe verstehen ... 40
- 4.2 Den Text planen und schreiben ... 41
- 4.3 Den Text überarbeiten ... 43

Textquellen/Bildnachweis

Lösungen im innenliegenden Heft

1 Grundlagen des textbezogenen Schreibens erschließen

Erzähltexte interpretieren heißt, nach der Lektüre eine Deutungshypothese zu entwickeln und diese nach und nach durch die Analyse des Handlungsverlaufs, der erzählerischen und der sprachlichen Gestaltung zu überprüfen, ggf. zu modifizieren und begründet darzulegen.
In diesem Kapitel untersuchst du einen interpretierenden Zieltext (Schülertext A), der zu einem kurzen literarischen Text verfasst wurde. Er setzt sich zusammen aus einer strukturierten Zusammenfassung, die Inhalt und Aufbau des Textes beschreibt und erklärt, und einem Textabschnitt, in dem gestalterische Mittel (z. B. Sprache, Erzähltechnik) und ihre Wirkung analysiert werden. Schülertext A zeigt dir, mit welchen Formulierungen du deinen Text strukturierst und deine Beobachtungen zum Text darstellst und belegst.

Text 1 — Thomas Bernhard: *Umgekehrt*

Wenn mir zoologische Gärten auch immer verhaßt gewesen sind und die Leute, die solche zoologischen Gärten aufsuchen, tatsächlich suspekt[1], ist es mir doch nicht erspart geblieben, einmal nach Schönbrunn[2] hinauszugehn und, auf Wunsch meines Begleiters, eines Theologieprofessors, vor dem Affenkäfig stehenzubleiben, um die Affen zu beobachten, die mein Begleiter mit einem Futter fütterte, das er zu diesem Zwecke eingesteckt gehabt hatte. Der Theologieprofessor, ein früherer Studienkollege, der mich aufgefordert hatte, mit ihm nach Schönbrunn zu gehen, hatte mit der Zeit sein ganzes mitgebrachtes Futter an die Affen verfüttert, als plötzlich die Affen ihrerseits auf dem Boden verstreutes Futter zusammenkratzten und uns durch das Gitter herausreichten. Der Theologieprofessor und ich waren über das plötzliche Verhalten der Affen so erschrocken gewesen, dass wir augenblicklich kehrtmachten und Schönbrunn durch den nächstbesten Ausgang verließen.

aus: „Der Stimmenimitator", 1978

[1] fragwürdig, zweifelhaft   [2] Zoo in Wien

Aufgaben zu Text 1

1. Erkläre, in welcher Situation sich der geschlechtlich nicht näher bestimmte Ich-Erzähler am Anfang der Geschichte befindet (▶ Z. 1–10).

2. Markiere den Teilsatz, der den Wendepunkt in der Handlung darstellt, und erkläre knapp, was sich ändert.

3. Begründe, inwiefern der Schluss der Geschichte die Einstellung des Ich-Erzählers zu zoologischen Gärten bestätigt. Wähle passende Wörter aus dem nebenstehenden Wortspeicher aus.

> Tiere – sinnlos – Verhalten – irritierend – hässlich – erschreckend – Spiegel – niedlich – unterlegen – überlegen – lustig

Schreibaufgabe

Interpretiere die Kurzgeschichte „Umgekehrt" von Thomas Bernhard, indem du sie strukturiert zusammenfasst und anschließend erläuterst, an welchen sprachlichen Signalen sich der Wendepunkt erkennen lässt. Erkläre abschließend den Titel der Geschichte.

Schülertext A, Teil 1: Einleitung und strukturierte Zusammenfassung

In der Kurzgeschichte „Umgekehrt" von Thomas Bernhard, die 1978 in dem Band „Der Stimmenimitator" erschienen ist, wird am Beispiel eines Zoobesuchs gezeigt, wie wenig sich die Menschen von den Affen unterscheiden.

Die Geschichte setzt damit ein, dass ein nicht näher benannter Ich-Erzähler seine grundsätzliche Abneigung gegenüber zoologischen Gärten äußert, ohne diese allerdings zu begründen (vgl. Z. ___ - ___). Dennoch besucht er gemeinsam mit einem ehemaligen Studienkollegen, einem Theologieprofessor, den Wiener Zoo Schönbrunn. Der Bekannte hat Futter mitgebracht, mit dem er die Affen durch die Gitterstäbe des Käfigs füttert (vgl. Z. ___ - ___). Eine für die Besucher irritierende Wende tritt ein, als das Futter aufgebraucht ist. Nun ahmen die Affen das Verhalten der Menschen nach und versuchen, ihnen auf den Boden gefallene Essensreste hinauszureichen (vgl. Z. ___ - ___). Diese Geste schockiert den Ich-Erzähler und seinen Begleiter so sehr, dass sie den Zoo umgehend verlassen. Das Ende bleibt jedoch offen: Weder kommentieren die Figuren das Ereignis in irgendeiner Weise noch erfahren die Leserinnen und Leser, ob sich ihre Einstellung oder ihr Leben danach ändern (vgl. Z. ___ - ___).

Aufgaben zum Schülertext A, Teil 1

1. Ergänze die Tabelle, indem du die Informationen einträgst, die in der Einleitung von Schülertext A aufgeführt werden.

Textsorte	
Titel	
Autor	
Angaben zur Veröffentlichung	
Deutungshypothese	

2. Trage die fehlenden Zeilenangaben in den Schülertext A ein und unterteile mithilfe eines Lineals die durch den Schülertext A gebildeten Sinnabschnitte im Text 1.

3. Notiere die drei Formulierungen aus Schülertext A, Teil 1, die den Aufbau der Kurzgeschichte verdeutlichen.

_____

_____

_____

4. Interpretationsaufsätze ergänzen oft Informationen zum Inhalt der Geschichte, um Zusammenhänge deutlicher zu machen. Untersuche dies genauer.
   a) Markiere in einer Farbe Informationen im Schülertext, die auch in der Kurzgeschichte genannt werden.
   b) Markiere in einer anderen Farbe die Stellen, die zum besseren Verständnis der Geschichte ergänzt wurden.

5. Der Inhalt der Geschichte wird in der Zusammenfassung zumeist in eigenen Worten wiedergegeben. Unterstreiche in den beiden Auszügen unten Entsprechungen, z. B. *zoologische Gärten* → *Tierparks*. Umrahme Wörter, die nicht ersetzt werden können, sondern übernommen werden müssen.

Ausgangstext	Zusammenfassung
Wenn mir zoologische Gärten auch immer verhaßt gewesen sind und die Leute, die solche zoologischen Gärten aufsuchen, tatsächlich suspekt, ist es mir doch nicht erspart geblieben, einmal nach Schönbrunn hinauszugehn und, auf Wunsch meines Begleiters, eines Theologieprofessors, vor dem Affenkäfig stehenzubleiben, um die Affen zu beobachten, die mein Begleiter mit einem Futter fütterte, das er zu diesem Zwecke eingesteckt gehabt hatte. Der Theologieprofessor, ein früherer Studienkollege, …	Die Geschichte setzt damit ein, dass ein nicht näher benannter Ich-Erzähler seine grundsätzliche Abneigung gegenüber Tierparks äußert, ohne diese allerdings zu begründen. Dennoch besucht er gemeinsam mit einem ehemaligen Studienkollegen, einem Theologieprofessor, den Wiener Zoo Schönbrunn.

Schülertext A, Teil 2: Aufgaben zur Textgestaltung

Die Wende in der Handlung, die diese Fluchtbewegung auslöst, tritt ein, als die Besucher kein Futter für die Affen mehr haben und stattdessen die Affen versuchen, Futterreste an die Menschen hinauszureichen.

Dieses Ereignis wird durch die zweimalige Verwendung des Adjektivs „plötzlich" hervorgehoben: Die Menschen reagieren verstört, „als plötzlich die Affen" (Z. 14 f.) ihnen Futter anbieten, denn auf „das plötzliche Verhalten der Affen" (Z. 18) sind sie nicht vorbereitet. Ausgelöst vom unerwarteten Geschehnis wird die Handlung beschleunigt: Die beiden Besucher sind „erschrocken", wenden sich „augenblicklich" zum Gehen und eilen aus dem Zoo „durch den nächstbesten Ausgang" (Z. 19-21). Die durch die Zeit- und Ortsangabe entstandene Dynamik weist noch einmal auf die Bedeutsamkeit des Erlebnisses hin.

Der Titel der Kurzgeschichte, „Umgekehrt", ist mehrdeutig. Zum einen sind die Zoobesucher mit Tieren konfrontiert, die ihr Verhalten nachahmen, sich also „umgekehrt" benehmen und die Situation spiegeln. Zum anderen wird die ursprüngliche Absicht der Besucher, die „Affen zu beobachten" (Z. 8), umgedreht. Die Affen beobachten ihrerseits die Menschen, sie können anscheinend deren Verhalten einschätzen und von diesen in kürzester Zeit lernen, ja, mehr noch: Die Erzählung lässt vermuten, dass die Affen der Ansicht sind, die Menschen seien hinter Gittern gefangen und würden Futterspenden von ihnen benötigen (vgl. Z. 14-17). Damit wird die unumstößliche Meinung der Menschen, sie seien den Tieren überlegen, infrage gestellt oder sogar ins Gegenteil verkehrt. Die Folge ist, dass der Ich-Erzähler und sein Begleiter „kehrtmach[t]en" (Z. 20), und sich schleunigst aus dem Zoo entfernen. Der Titel und der Verlauf der Handlung legen die Deutung nahe, dass auch eine innere Umkehr der beiden Protagonisten stattfindet, dass sie also ihre Einstellung ändern. So wird durch ein vermeintlich alltägliches Ereignis, das eine unerwartete Wendung nimmt, das Verhältnis der Menschen zur Welt in seinen Grundfesten erschüttert. Es bleibt ihnen nichts anderes übrig, als die Flucht zu ergreifen.

Aufgaben zum Schülertext A, Teil 2

1. Ein Interpretationstext stellt eine Deutung argumentativ dar. Ordne die folgenden Formulierungen den Argumentationsschritten zu.

	Formulierung einer einleitenden These	Integration einer Belegstelle aus dem Text	Begründung/ Erläuterung	Schlussfolgerung
Die Wende in der Handlung ... tritt ein, als ...				
Die Menschen reagieren verstört, „als plötzlich die Affen" (Z. 14 f.) ihnen Futter anbieten, denn auf „das plötzliche Verhalten der Affen" (Z. 18) sind sie nicht vorbereitet.				
Ausgelöst vom unerwarteten Geschehnis wird die Handlung beschleunigt...				
Die durch die Zeit- und Ortsangabe entstandene Dynamik weist noch einmal auf die Bedeutsamkeit des Erlebnisses hin.				
Der Titel der Kurzgeschichte, „Umgekehrt", ist mehrdeutig.				
Die Folge ist, dass der Ich-Erzähler und sein Begleiter „kehrtmach[t]en" (Z. 20), und sich schleunigst aus dem Zoo entfernen. Der Titel und der Verlauf der Handlung legen die Deutung nahe, dass auch eine innere Umkehr der beiden Protagonisten stattfindet, ...				
So wird durch ein vermeintlich alltägliches Ereignis, das eine unerwartete Wendung nimmt, das Verhältnis der Menschen zur Welt in seinen Grundfesten erschüttert.				

2. Unterstreiche die Stelle am Ende von Schülertext A, an der auf die in der Einleitung formulierte Deutungshypothese Bezug genommen wird.

3. Ordne die überleitenden Formulierungen aus Schülertext A in die Tabelle ein. Ergänze weitere Formulierungen dieser Art, die dir bekannt sind.

> Dieses Ereignis wird hervorgehoben durch ... / Damit wird ... infrage gestellt ... / Der Titel ... ist mehrdeutig. / Die Geschichte setzt damit ein, dass ... / Die Folge ist, dass ... / Die Wende in der Handlung tritt ein, als ...

Überleitungen zwischen Sätzen	Überleitungen zwischen Absätzen

Lösungen und Lösungsskizzen

1. Grundlagen des textbezogenen Schreibens erschließen

Seite 5
Aufgabe 1
Er/Sie befindet sich in einer Dilemmasituation: Er/Sie hasst Zoos, geht aber aus Freundlichkeit mit dem Studienkollegen nach Schönbrunn.

Aufgabe 2
… als plötzlich die Affen ihrerseits auf dem Boden verstreutes Futter zusammenkratzten und uns durch das Gitter herausreichten. (Z. 14–17)
Erklärung: Die Affen beginnen die Menschen zu füttern anstatt umgekehrt.

Aufgabe 3
Der Ich-Erzähler findet Zoobesuche grundsätzlich unangenehm und sinnlos. Das irritierende Verhalten der Tiere ist für ihr erschreckend, weil sie den Menschen, denen sie angeblich unterlegen sind, einen Spiegel vorhalten.

Seite 6
Aufgabe 1
Textsorte: Kurzgeschichte
Titel: „Umgekehrt"
Autor: Thomas Bernhard
Angaben zur Veröffentlichung: erschienen 1978 in dem Band „Der Stimmenimitator"
Deutungshypothese: Es wird am Beispiel eines Zoobesuchs gezeigt, wie wenig sich die Menschen von den Affen unterscheiden.

Aufgabe 2
In der Kurzgeschichte „Umgekehrt" von Thomas Bernhard, die 1978 in dem Band „Der Stimmenimitator" erschienen ist, wird am Beispiel eines Zoobesuchs gezeigt, wie wenig sich die Menschen von den Affen unterscheiden.
Die Geschichte setzt damit ein, dass ein nicht näher benannter Ich-Erzähler seine grundsätzliche Abneigung gegenüber zoologischen Gärten äußert, ohne diese allerdings zu begründen **(vgl. Z. 1-4)**. Dennoch besucht er gemeinsam mit einem ehemaligen Studienkollegen, einem Theologieprofessor, den Wiener Zoo Schönbrunn. Der Bekannte hat Futter mitgebracht, mit dem er die Affen durch die Gitterstäbe des Käfigs füttert **(vgl. Z. 4-13)**. Eine für die Besucher irritierende Wende tritt ein, als das Futter aufgebraucht ist. Nun ahmen die Affen das Verhalten der Menschen nach und versuchen, ihnen auf den Boden gefallene Essensreste hinauszureichen **(vgl. Z. 13-17)**. Diese Geste schockiert den Ich-Erzähler und seinen Begleiter so sehr, dass sie den Zoo umgehend verlassen. Das Ende bleibt jedoch offen: Weder kommentieren die Figuren das Ereignis in irgendeiner Weise noch erfahren die Leserinnen und Leser, ob sich ihre Einstellung oder ihr Leben danach ändern **(vgl. Z. 17-21)**.
Die Sinnabschnitte, in die Text 1 lt. Schülertext A einzuteilen ist, entsprechen den hier genannten Zeilenangaben.

Aufgabe 3
Die Geschichte setzt damit ein … Eine für die Besucher irritierende Wende tritt ein, als … Das Ende bleibt aber offen: …

Seite 7
Aufgabe 4
a) Informationen, die auch in der Kurzgeschichte genannt werden
b) Stellen, die zum besseren Verständnis der Geschichte ergänzt wurden

In der Kurzgeschichte „Umgekehrt" von Thomas Bernhard, die 1978 in dem Band „Der Stimmenimitator" erschienen ist, wird am Beispiel eines Zoobesuchs gezeigt, wie wenig sich die Menschen von den Affen unterscheiden.
Die Geschichte setzt damit ein, dass ein nicht näher benannter Ich-Erzähler seine grundsätzliche Abneigung gegenüber zoologischen Gärten äußert, ohne diese allerdings zu begründen (vgl. Z. 1-4). Dennoch besucht er gemeinsam mit einem ehemaligen Studienkollegen, einem Theologieprofessor, den Wiener Zoo Schönbrunn. Der Bekannte hat Futter mitgebracht, mit dem er die Affen durch die Gitterstäbe des Käfigs füttert (vgl. Z. 4-14). Eine für die Besucher irritierende Wende tritt ein, als das Futter aufgebraucht ist. Nun ahmen die Affen das Verhalten der Menschen nach und versuchen, ihnen auf den Boden gefallene Essensreste hinauszureichen (vgl. Z. 14 - 17). Diese Geste schockiert den Ich-Erzähler und seinen Begleiter so sehr, dass sie den Zoo umgehend verlassen. Das Ende bleibt jedoch offen: Weder kommentieren die Figuren das Ereignis in irgendeiner Weise noch erfahren die Leserinnen und Leser, ob sich ihre Einstellung oder ihr Leben danach ändern (vgl. Z. 17-21).

Aufgabe 5

Ausgangstext	Zusammenfassung
Wenn mir zoologische Gärten auch immer verhaßt gewesen sind und die Leute, die solche zoologischen Gärten aufsuchen, tatsächlich suspekt, ist es mir doch nicht erspart geblieben, einmal nach Schönbrunn hinauszugehn und, auf Wunsch meines Begleiters, eines Theologieprofessors, vor dem Affenkäfig stehenzubleiben, um die Affen zu beobachten, die mein Begleiter mit einem Futter fütterte, das er zu diesem Zwecke eingesteckt gehabt hatte. Der Theologieprofessor, ein früherer Studienkollege, …	Die Geschichte setzt damit ein, dass ein nicht näher benannter Ich-Erzähler seine grundsätzliche Abneigung gegenüber Tierparks äußert, ohne diese allerdings zu begründen. Dennoch besucht er gemeinsam mit einem ehemaligen Studienkollegen, einem Theologieprofessor, den Wiener Zoo Schönbrunn.

Lösungen und Lösungsskizzen

Seite 8
Aufgabe 1

	Formulierung einer einleitenden These	Integration einer Belegstelle aus dem Text	Begründung/ Erläuterung	Schlussfolgerung
Die Wende in der Handlung tritt ein, als …	X			
Die Menschen reagieren verstört, „als plötzlich die Affen" (Z. 14 f.) ihnen Futter anbieten, denn auf „das plötzliche Verhalten der Affen" (Z. 18) sind sie nicht vorbereitet.		X		
Ausgelöst vom unerwarteten Geschehnis wird die Handlung beschleunigt…			X	
Die durch die Zeit- und Ortsangabe entstandene Dynamik weist noch einmal auf die Bedeutsamkeit des Erlebnisses hin.				X
Der Titel der Kurzgeschichte, „Umgekehrt", ist mehrdeutig.	X			
Die Folge ist, dass der Ich-Erzähler und sein Begleiter „kehrtmach[t]en" (Z. 20) und den Zoo schleunigst verlassen, auf umgekehrtem Weg. Der Titel und der Verlauf der Handlung legen die Deutung nahe, dass auch einen innere Umkehr der beiden Protagonisten stattfindet, …			X	
So wird durch ein vermeintlich alltägliches Ereignis, das eine unerwartete Wendung nimmt, das Verhältnis der Menschen zur Welt in seinen Grundfesten erschüttert.				X

Aufgabe 2
So wird durch ein vermeintlich alltägliches Ereignis, das <u>eine unerwartete Wendung</u> nimmt, das Verhältnis der Menschen zur Welt in seinen Grundfesten erschüttert.

Aufgabe 3

Überleitungen zwischen Sätzen	Überleitungen zwischen Absätzen
Dieses Ereignis wird hervorgehoben durch … / Damit wird … infrage gestellt … / Die Folge ist, dass …	Der Titel … ist mehrdeutig. / Die Geschichte setzt damit ein, dass … / Die Wende in der Handlung tritt ein, als …
Weitere Fomulierungen: Aus diesem Grund verhalten sich die Figuren … Dies bewirkt, dass …	Weitere Formulierungen: Die sprachliche Gestaltung bestätigt diese Ergebnisse. Folglich kann man zusammenfassen …

Seite 9
Aufgabe 4
a) In der ersten Version wird ein großer Teil des Originaltextes nur abgeschrieben, während die zweite Version nur die wesentlichen Satzteile zitiert und diese dann mit eigenen Worten erläutert.
b) die Beschleunigung: „augenblicklich", „nächstbesten Ausgang"; das Unerwartete: „erschrocken"

Aufgabe 5
… ist mehrdeutig; zum einen, zum anderen; anscheinend; legen die Deutung nahe, dass …

2. Den Inhalt eines Erzähltextes strukturiert zusammenfassen

2.1 Die Schreibaufgabe verstehen

Seite 11
Aufgabe 1
<mark>Interpretiere</mark> die <mark>Kurzgeschichte „Fünfzehn"</mark> von Reiner Kunze: <mark>Fasse den Text zunächst strukturiert zusammen</mark>. <mark>Erkläre</mark> anschließend, durch welche <mark>erzählerischen und sprachlichen Gestaltungsmittel</mark> die <u>Einstellung des Vaters zur Tochter</u> deutlich wird.

Aufgabe 2

1	den Text gründlich lesen und erste Markierungen vornehmen
2	den Text in Sinnabschnitte unterteilen
3	die handelnden Figuren und ihr Verhalten markieren (Schritt 3 und 4 können vertauscht werden)
4	die Sinnabschnitte mit einer kurzen Überschrift versehen (Schritt 3 und 4 können vertauscht werden)
5	den Zusammenhang der Sinnabschnitte, also den Textaufbau, klären
6	sprachliche Auffälligkeiten und besondere Gestaltungselemente markieren
7	eine Deutungshypothese formulieren
8	einen Schreibplan erstellen
9	den Text ausformulieren
10	die Deutungshypothese überprüfen und gegebenenfalls überarbeiten
11	den gesamten Text überarbeiten

Seite 12
Aufgabe 3

Teile des Zieltextes	Inhaltselemente
Basissatz/ Einleitung	Deutungshypothese
	Erzählinstanz
	Name des Autors
	Kurzbiographie des Autors
	Titel der Erzählung
	Erscheinungsjahr
strukturierte Zusammenfassung	Aufbau der Erzählung
	Hinweis auf die Gliederung des Aufsatzes
	zentrale Handlungsschritte und deren Zusammenhang
Analyseaufgabe(n) zur Textgestaltung	wichtige Elemente der Textgestaltung (sprachliche Mittel, Erzähltechnik) und deren Wirkung

2.2 Den Text untersuchen

Aufgabe 1
Vater
- beschreibt das Äußere der Tochter
- wundert sich über ihre Gewohnheiten
- will sie zum Aufräumen bewegen

Tochter
- kleidet sich eigenwillig (langer Schal, Minirock, Tennisschuhe)
- hört gerne laut Musik
- mag nicht aufräumen
- betont ihre Souveränität
- will keine Abstumpfung

Problem
unterschiedliche Vorstellungen von
- Kleidung
- Musik (Lautstärke)
- Ordnung (Staub, Aufräumen)
- Alter (uralt = ü30)

Aufgabe 2
Der Vater möchte die Tochter auf die Unordnung in ihrem Zimmer aufmerksam machen und sie zu einer Verhaltensänderung bewegen. Er greift zu einer List. Da sie sich vor Spinnen ekelt, weist er darauf hin, dass sich unter ihrem Bett die Spinnen wohlfühlen. Sie soll dies dem Chaos in ihrem Zimmer zuschreiben und aufräumen. Doch die Tochter findet eine Lösung, die ihr größere Aufräumaktionen erspart. Sie stellt ihre Schuhe, die bisher unter dem Bett standen, künftig auf das Klavier, außer Reichweite der Spinnen. Damit wird die Unordnung noch vergrößert statt beseitigt.

Seite 13
Aufgabe 3
Z. 1–19 Beschreibung des Äußeren der Tochter
Z. 20–29 die Gewohnheit der Tochter, laute Musik zu hören, und Zurückhaltung des Vaters
Z. 30–56 Unordnung im Zimmer der Tochter und Wahrnehmung durch den Vater
Z. 57–76 Versuch des Vaters, die Tochter zum Aufräumen zu bewegen

Aufgabe 4
Bewunderung: einen Rock, den kann man nicht beschreiben (Z. 1/2); gibt nichts auf die Meinung uralter Leute (Z. 16); dass ihre Englischlehrerin [...] von soviel Kehlkopfknacklauten ... (Z. 64–66); sie ist intelligent (Z. 70); ... machte sie einen fast überlegenen Eindruck (Z. 72/73)

Wohlwollen: Könnte einer von ihnen sie verstehen ... (Z. 18/19); Ich weiß, diese Lautstärke bedeutet für sie Lustgewinn (Z. 21/22) Ich weiß: Sie will sich nicht den Nichtigkeiten des Lebens ausliefern (Z. 43–44)

Kritik: Überschallverdrängung unangenehmer logischer Schlüsse (Z. 24/25); Ausläufer dieser Hügellandschaft (Z. 41–43)

Aufgabe 5
( ) Der Vater mag seine Tochter nicht.
  Falsch, da sich in seiner Beschreibung viel Wohlwollen und Bewunderung erkennen lässt.
(X) Der Vater kritisiert seine Tochter. (Z. 20–21, Z. 25–28, Z. 32–43)
( ) Die Tochter will ihren Vater provozieren.
  Falsch, da ihr Verhalten keine Absicht ist. Sie hat den Vater dabei nicht speziell im Blick.
(X) Das Verhalten der Tochter irritiert den Vater. (Z. 1–19)
(X) Der Vater akzeptiert seine Tochter, wie sie ist. (Z. 21–27, Z. 43–51)
(X) Der Vater betrachtet das Verhalten der Tochter mit Humor. (Z. 1–19, Z. 20–21, Z. 41–46)
(X) Der Vater ist mit dem Verhalten der Tochter unzufrieden. (Z. 20–21, Z. 31–43)
(X) Die Tochter will ihren Vater nicht verstehen. (Z. 74–76)
( ) Das Verhältnis zwischen Vater und Tochter ist gestört.
  Falsch, da der Vater sehr tolerant mit den Eigenheiten seiner Tochter umgeht.
( ) Vater und Tochter sind heillos zerstritten.
  Falsch, da sie offensichtlich ganz normal miteinander kommunizieren.
(X) Der Vater bewundert seine Tochter heimlich. (Z. 16, Z. 64–66, Z. 70, Z. 72/73)

Seite 14
Aufgabe 1
Vater
- erzählt über seine Tochter
- ~~wird von seiner Tochter bewertet~~
  Falsch, da die Tochter ihre Verhaltensweise nicht auf ihn bezieht
- ~~taucht nur kurz in der Erzählung auf~~
  Falsch, da er der Ich-Erzähler ist und aktiv versucht, das Verhalten der Tochter zu ändern
- spielt eine entscheidende Rolle im Handlungsverlauf

Tochter
- ~~erzählt über ihren Vater~~
  Falsch, da sie mit ihrem Vater nur in der Episode mit den Spinnen kommuniziert
- wird von ihrem Vater beurteilt
- ist die Hauptfigur der Erzählung

Mutter
- ~~äußert ihre Meinung über Vater und Tochter~~
- wird vom Vater kurz erwähnt
- ~~wird vom Vater beurteilt~~
- ~~wird von der Tochter beurteilt~~
- ~~spielt eine wesentliche Rolle für die Handlung~~
  Falsch, da die Mutter nur in einem Nebensatz auftaucht

Aufgabe 2
Bei dem Erzähler der Kurzgeschichte handelt es sich um einen (Ich-/~~Sie-~~) Erzähler, der selbst (eine/ ~~keine~~) Figur ist und (innerhalb/ ~~außerhalb~~) der Handlung steht. (Z. 51–53)
Er verfügt über die Innensicht (einer/ ~~mehrerer~~) Figur. (Z. 28–29)
Im zweiten Teil der Erzählung wandelt sich der Erzähler vom (~~aktiv Handelnden~~/ Beobachter) zum (aktiv Handelnden/ ~~Beobachter~~). (Z. 58–60)

Aufgabe 3
Inhaltlich: Vorher beobachtet und beschreibt der Vater das Verhalten der Tochter fast ausschließlich; nun greift er selber ins Geschehen ein und versucht eine Verhaltensänderung bei ihr herbeizuführen.
Sprachlich:
Satzbau: Vorher überwiegen lange, parataktische Sätze, die der Aufzählung und Beschreibung dienen, nachher sind die Sätze eher kurz, da die Abfolge von Handlungsschritten dargestellt wird.
Wortwahl: Vorher überwiegen Nomen und (beschreibende) Adjektive, nachher gewinnen auch Verben an Bedeutung, die die Handlung vorantreiben bzw. der Darstellung der Kommunikation dienen.
Tempusverwendung: Vorher wird im Präsens das Verhalten der Tochter beschrieben, nachher (eingeleitet durch eine Formulierung im Perfekt, s. Z. 57) im Präteritum ein einmaliges Ereignis erzählt.

Aufgabe 4
Der Schluss der Geschichte ist
(X) überraschend, da der Leser nicht mit der kreativen Lösung der Tochter rechnet.
(X) witzig, da die Tochter in origineller Weise auf den Vorstoß des Vaters reagiert.
„Vorhersehbar" trifft nicht zu, denn es handelt sich um eine Schlusspointe.
„Unlogisch" trifft ebenfalls nicht zu, da das Verhalten der Tochter nahelegt, dass sie es schaffen wird, das ungeliebte Aufräumen zu vermeiden.

Seite 15
Aufgabe 5
Eine Kurzgeschichte ist eine <u>kurze Erzählung</u>, häufig <u>ohne Einleitung</u>, mit <u>klar erkennbarem Wende- und/oder Höhepunkt</u> in der Handlung und <u>offenem oder überraschendem Schluss (Pointe)</u>. Geschildert wird ein entscheidendes <u>Ereignis aus dem Alltagsleben der Figuren</u>, die Handlung hat nicht selten <u>exemplarische Bedeutung</u> und verweist oft auf <u>komplexere Problemlagen</u>. Die <u>Sprache</u> ist meist alltäglich, <u>unemotional</u> und <u>lakonisch</u>.

2.3 Den Basissatz mit Deutungshypothese formulieren

Aufgabe 1
a) Inhaltlich angemessen; zu langer Satz
b) Umgangssprachlicher und unpassender Stil, Fehlinterpretation (die Tochter will ihren Vater nicht ärgern)
c) Zu knappe und unvollständige Darstellung, da ohne Deutung
d) Zu konkrete Darstellung mit Elementen einer Nacherzählung
e) Inhaltlich sehr genau, doch der letzte Satz gibt die Geschichte falsch wieder; die wohlwollende Haltung des Vaters ist nur zwischen den Zeilen zu erkennen, wird aber nicht ausdrücklich formuliert.

Seite 16
Aufgabe 2
<u>Kleidungsstil</u> – Schal – herumliegende Bücher – Tennisschuhe – <u>Unordnung im Zimmer</u> – <u>Ausdruck des Ekels</u> – <u>Ignorieren der elterlichen Aufforderungen</u> – Wohnung vibriert – <u>Lautstärke</u> – Igitt-Rufe – Tochter hört dem Vater nicht zu

Aufgabe 3
Vater beschreibt – ~~Mutter steht vor dem Nervenzusammenbruch~~ – mit Wohlwollen und Humor, aber auch mit Befremden – ~~Kleidungsstil~~ – ~~langer Schal~~ – ~~Unterschrift der Freundinnen auf den Tennisschuhen~~ – ~~laute Musik~~ – Verhaltensänderung – unterschiedliche Denkweisen – ~~Angst vor Spinnen~~

Aufgabe 4
In der Kurzgeschichte „Fünfzehn" von Reiner Kunze, die 1976 in dem Band „Die wunderbaren Jahre" erschienen ist, beschreibt ein Vater mit viel Wohlwollen, aber auch leicht befremdet die seltsamen Verhaltensweisen seiner pubertierenden 15-jährigen Tochter. Ein Versuch, dieses Verhalten zu ändern, scheitert an der völlig unterschiedlichen Denkweise der Tochter.

2.4 Die Textzusammenfassung planen und schreiben

Seite 17
Aufgabe 1
Benennung des Sprechakts des Erzählers: ... *dass der Erzähler sehr anschaulich ... beschreibt*
Darstellung von Zusammenhängen: *Der Text beginnt ohne eine Einleitung damit ...; ... der ihn verblüfft, denn ...*

Aufgabe 2
Textauszug 1:
Zusammenfassung: Der Ich-Erzähler beschreibt die Beweggründe, warum sich die Tochter unkonventionell kleidet. Sie will sich von der älteren Generation distanzieren und frei sein.

Textauszug 2:
Zusammenfassung: Der Ich-Erzähler glaubt zu wissen, dass die Tochter, um sich selbst zu verwirklichen, Prioritäten setzt und banale Tätigkeiten im Alltag ablehnt. Er begegnet diesem Lebensgefühl und der damit verbundenen Schlamperei äußerst tolerant.

Seite 18
Aufgabe 3

( ) wendet der Vater einen miesen Trick an.
Falsch, da die List des Vaters wohlmeinend und nicht hinterhältig ist.
( ) stellt der Vater der Tochter eine Falle.
Falsch, da es sich nicht um eine Falle handelt, sondern um einen Erziehungsversuch.
(X) greift der Vater zu einer List.
( ) wagt der Vater einen direkten Vorstoß.
Falsch, da der Vater die Tochter nicht direkt anspricht.

Der Gedanke scheitert an der *Kreativität* der Tochter
(X) Kreativität
( ) Dummheit
Falsch, da die Tochter intelligent genug ist, um zu verstehen, dass es nicht um die Spinnen, sondern ums Aufräumen geht, und eine Lösung findet, die ihr das Aufräumen erspart.
( ) Selbstverwirklichung
Falsch, da ohne Bezug zur Aussage.
( ) Sturheit
Falsch, da sich die Tochter nicht direkt weigert aufzuräumen, sondern einen Ausweg sucht.

Aufgabe 4

Oberbegriffe	Formulierung im Zieltext
Erzähler	Der Ich-Erzähler ist ein Vater, der teils irritiert und teils amüsiert das für ihn ungewöhnliche Verhalten seiner 15-jährigen Tochter darstellt.
Kleidungsstil und Äußeres der Tochter	Der Text beginnt damit, dass der Erzähler sehr anschaulich den Kleidungsstil der Jugendlichen beschreibt, der ihn verblüfft, denn kein Kleidungsstück scheint richtig zu passen.
ihre Art, Musik zu hören	Auch die Musik, die sie hört, erscheint ihm unpassend und zu laut.
Unordnung im Zimmer	Während er Mode und Lautstärke humorvoll toleriert und gegen ihre Lektüre nichts einzuwenden hat, findet er die Unordnung in ihrem Zimmer untragbar.
Einstellungen und Lebensgefühl	Er glaubt die Beweggründe für ihre Schlamperei zu kennen – sie will sich von der älteren Generation absetzen und sich selbst verwirklichen.
Versuch des Vaters, das Verhalten der Tochter zu ändern	Hier nimmt die Geschichte eine Wendung, denn der Ich-Erzähler, der vorher hauptsächlich Beobachter war, wird nun selbst aktiv.
Misslingen des Versuchs	Der gut gemeinte Vorstoß des Vaters bleibt damit erfolglos

Seite 19
Aufgabe 5

a)/b) Der Ich-Erzähler ist ein Vater, der teils irritiert und teils amüsiert das für ihn ungewöhnliche Verhalten seiner 15-jährigen Tochter darstellt. ==Der Text beginnt damit==, dass der Erzähler sehr anschaulich den Kleidungsstil der Jugendlichen beschreibt, der ihn verblüfft, denn kein Kleidungsstück scheint richtig zu passen. Auch die Musik, die sie hört, erscheint ihm unpassend und zu laut. Während er Mode und Lautstärke humorvoll toleriert und gegen ihre Lektüre nichts einzuwenden hat, findet er die Unordnung in ihrem Zimmer untragbar. Er glaubt zwar die Beweggründe für ihre Schlamperei zu kennen – sie will sich von der älteren Generation absetzen und sich selbst verwirklichen –, doch versucht er mit einer List, sie zu einer Verhaltensänderung zu bewegen. ==Hier nimmt die Geschichte eine Wendung==, denn der Ich-Erzähler, der vorher hauptsächlich Beobachter war, wird nun selbst aktiv. Da er weiß, dass sich seine Tochter vor Spinnen ekelt, erzählt er ihr, diese würden sich im Chaos ihres Zimmers besonders wohlfühlen, in der Hoffnung, sie damit zum Aufräumen zu veranlassen. Doch seine Strategie scheitert an der anarchischen Kreativität seiner Tochter. ==Die Geschichte endet damit==, dass das Mädchen eine eigene Lösung für das Problem findet. Künftig stellt sie ihre Schuhe außer Reichweite der Spinnen auf das Klavier und vergrößert damit die Unordnung noch. Der gut gemeinte Vorstoß des Vaters bleibt damit erfolglos.

2.5 Die Textzusammenfassung überarbeiten

Seite 20
Aufgabe 1
Zusammenfassung:
Das Zimmer der Tochter ist äußerst unordentlich, da sie Kosmetikgegenstände, Schreibwaren, Müll, Bücher und Kleidungsstücke einfach durcheinanderwirft. Teilweise lässt sie die Dinge auch im Flur und in anderen Räumen der Wohnung liegen. Der Grund dafür ist, dass sie sich selbst verwirklichen und ihre Zeit nicht mit Alltagstätigkeiten wie Aufräumen vergeuden will.

Seite 21
Aufgabe 2

a) Der Tochter <u>graut fürchterlich vor Spinnen</u>. Deshalb <u>sagt der Vater ihr, dass unter ihrem Bett Spinnennester seien. Daraufhin reißt sie erschrocken die Augen auf und stößt viele verschiedene Laute des Ekels aus. Sie fragt auch noch, wie die Spinnen auf die Idee kommen, ihre Nester gerade unter ihrem Bett zu bauen.</u> Der Vater <u>antwortet nur lakonisch, dass sie da ungestört seien.</u>

b) ==Da der Vater weiß, dass== sich seine Tochter vor Spinnen ekelt, erzählt er ihr, er habe unter ihrem Bett Spinnennester gesehen. Als sie erschrocken reagiert, erläutert er, dass Spinnen an Orten ihre Nester bauten, wo sie in Ruhe gelassen würden. Die Tochter soll so selbst auf die Idee kommen, ihr Zimmer sauberzumachen, um Spinnen keinen Lebensraum zu bieten.

c) s. b): gelb = Formulierungen, die strukturieren und abstrahieren; blau: Formulierungen, die Handlungszusammenhänge verdeutlichen

Aufgabe 3
Individuelle Lösungen

2.6 Selbstständig eine strukturierte Zusammenfassung formulieren

Seite 23
Aufgabe 1
Interpretiere den Auszug aus dem Roman „Kairos" von Jenny Erpenbeck: Fasse den Text zunächst strukturiert zusammen. Untersuche im Anschluss die Parallelführung der Handlung, die zum Zusammentreffen des späteren Liebespaares führt. Gehe dabei auf die erzählerische und sprachliche Gestaltung ein. Begründe abschließend, ob die beiden Liebenden zufällig oder schicksalhaft zueinander finden.

Aufgabe 2

Z. 1–21	Beschluss, ins Ungarische Kulturzentrum zu fahren
Z. 22–42	1. Kontaktaufnahme: Blick
Z. 43–48	2. Kontaktaufnahme: Lächeln
Z. 49–57	3. Kontaktaufnahme: gemeinsamer Gang durch den Tunnel
Z. 58–64	4. Kontaktaufnahme: Verabredung zum Kaffeetrinken

Aufgabe 3
Die Geschichte setzt damit ein, dass sich Katharina nach einem anscheinend missglückten Treffen mit einem Mann auf den Weg macht, um eine bestellte Schallplatte im Ungarischen Kulturzentrum abzuholen. Parallel wird beschrieben, wie Hans plant, am selben Ort nach einem Buch des Literaturwissenschaftlers Georg Lukács Ausschau zu halten. Beide nehmen in der Friedrichstraße denselben Bus. Damit tritt ein Wendepunkt in der Handlung ein und die zufällige Parallelität ihrer Wege endet. Es beginnt eine Kontaktaufnahme, die sich von nun an schrittweise steigert.

Aufgabe 4
Auffällig sind in dieser Passage die Satzfiguren, die eine Wiederholung von Handlungen ausdrücken. Die Anapher in den Zeilen 1 und 2 bekräftigt die Zeitgleichheit der Ereignisse („An diesem Freitag im Juli"), die darauffolgende regelmäßig wiederholte Antithese von „Sie" und „Er" weist auf die Verschränkung der Handlungen von Hans und Katharina hin. Damit wird der Leser bereits auf das Treffen und die spätere Beziehung der Protagonisten vorbereitet. Zusätzlich sind die meisten Sätze parallel aufgebaut, d. h. mit der Satzgliedfolge Subjekt – Prädikat – Objekt (vgl. Z. 8 – 15), was die Synchronität des Geschehens noch einmal unterstreicht. Die Chiasmen (Z. 8/9, Z. 10/11), die in Sätzen gleicher Länge auftreten, verstärken diesen Eindruck von der Parallelität der Handlungen der beiden Protagonisten.

Seite 24
Aufgabe 5
Katharina und Hans haben am selben Tag – wenn auch aus verschiedenen Gründen – dieselbe Idee, nämlich zum Ungarischen Kulturzentrum in Ostberlin zu fahren. Aufgrund verschiedener Zufälle, wie einem plötzlichen Regenschauer, kommt es dazu, dass sie sich gemeinsam unter einer Brücke unterstellen. Der Zufall endet damit, dass Hans auf Katharina aufmerksam wird, weil sie ihre Jacke falsch angezogen hat. Ab diesem Moment legt der Text nahe, dass beide einander kennenlernen wollen.

Aufgaben zum Schreiben der strukturierten Zusammenfassung

Aufgabe 1
In dem Auszug aus dem Roman „Kairos" von Jenny Erpenbeck aus dem Jahr 2021 wird dargestellt, wie Hans und Katharina, das spätere Liebespaar, durch eine Verkettung mehrerer Zufälle sowie durch eine gezielte Kontaktaufnahme zum ersten Mal zusammentreffen. Die beiden ergreifen die sich bietende Gelegenheit für eine Liebesbeziehung, die für beide schicksalhaft sein wird.

Aufgabe 2
Zieltext: Die Geschichte setzt damit ein, dass sich die junge Katharina nach einem anscheinend missglückten Treffen mit einem Mann auf den Weg macht, um eine bestellte Schallplatte im Ungarischen Kulturzentrum abzuholen. Parallel wird beschrieben, wie der Schriftsteller Hans plant, am selben Ort nach einem Buch des Literaturwissenschaftlers Georg Lukács Ausschau zu halten. Beide nehmen in der Friedrichsstraße denselben Bus. Damit tritt ein Wendepunkt in der Handlung ein und die zufällige Parallelität ihrer Wege endet. Es beginnt eine Kontaktaufnahme, die sich von nun an schrittweise steigert. Dabei kommt es zu insgesamt drei Blickkontakten, bevor Hans Katharina schließlich anspricht. Bereits der zweite Kontakt ist von einem gegenseitigen Lächeln begleitet, nach dem dritten gehen sie gemeinsam zum Ungarischen Kulturzentrum, das jedoch bereits geschlossen ist. Der Text endet damit, dass Hans und Katharina beschließen, miteinander einen Kaffee zu trinken, wodurch der Anfang ihrer Liebesbeziehung angedeutet wird.

3 Einen Erzähltext deuten

3.1 Die sprachliche Gestaltung untersuchen und schriftlich interpretieren

Seite 26
Aufgabe 1
Bildquelle: Geographie; die Niagarafälle gehören zu den fünf größten Wasserfällen der Erde
Tertium comparationis: Der Schal und der Niagara-Fall sind vergleichbar in ihrer Größe und aufgrund der elastischen Fallbewegung.
Wirkung: Dem Leser soll die unverhältnismäßige Länge des Schals anschaulich und humorvoll vor Augen geführt werden.

Aufgabe 2
z. B. „Überschallverdrängung"
Bildquelle: Physik, Akustik/ Psychologie
Tertium comparationis: Der physikalische Fachbegriff und die Musik sind in der übermäßigen Lautstärke vergleichbar; der Begriff aus der Psychologie und der Umgang mit der Musik weisen auf das Ignorieren des Alltags hin.
Wirkung: Die Dimension des Musikhörens wird durch die Verwendung der beiden Fachbegriffe ins Übermaß gesteigert.

Aufgabe 3
a) Zum Schal trägt sie Tennisschuhe, auf denen ==viele ihrer Freunde und Freundinnen== unterschrieben haben. Sie ist fünfzehn Jahre alt und gibt nichts auf die Meinung ==von Leuten über dreißig==.

Seite 27
b) Zum Schal trägt sie Tennisschuhe, auf denen ==viele ihrer Freunde und Freundinnen== unterschrieben haben. Sie ist fünfzehn Jahre alt und gibt nichts auf die Meinung von ==Leuten über dreißig==.
Mögliche weitere Stellen: Sie trägt einen Rock, den kann man nicht beschreiben, denn schon ein einziges Wort wäre zu lang. (Z. 1 ff.) → Sie trägt einen ziemlich kurzen Rock.
Wenn sie Musik hört, vibrieren noch im übernächsten Zimmer die Türfüllungen. (Z. 20/21) → Sie hört laut Musik, zumindest über Zimmerlautstärke.

c) Die Hyperbeln bewirken, dass der literarische Text originell und witzig wirkt, da die Übertreibung den Leser überrascht.

Aufgabe 4
( ) Untertreibung
    Falsch, da der Sachverhalt gesteigert wird
(X) Übertreibung
(X) macht auf Missstände aufmerksam
( ) sagt das Gegenteil des Gemeinten
    Falsch, da das Gemeinte tatsächlich ausgedrückt wird
( ) zieht einen Sachverhalt ins Lächerliche
    Falsch, da der Vater sich nicht über seine Tochter lustig macht
( ) Sprache passt nicht zum Inhalt
    Falsch, da keine unterschiedlichen Register oder unangemessenen Wörter verwendet werden

Aufgabe 5
a) Die Unordnung im Zimmer der Tochter wird gleichgesetzt mit einem Gebirge, wird also mit geographischen Begriffen bezeichnet. Die Fachsprache wirkt im Kontext unpassend und daher komisch.

Seite 28
b) Metapher und Hyperbel verstärken sich in dieser Passage gegenseitig. Die Kombination aus bildlicher Sprache und Fachsprache intensiviert den Eindruck der Unordnung und hat eine humorvolle Wirkung.
c) Die laute Musik dient laut dem Ich-Erzähler als „Überschallverdrängung unangenehmer logischer Schlüsse" (Z. 24 f.). Hier werden ähnlich überspitzt Fachbegriffe aus den Bereichen der Akustik und Psychologie herangezogen, um die gewaltige Lautstärke angemessen und gleichzeitig humorvoll darzustellen.

Seite 28
Aufgabe 6

Auszug aus Schülertext B	Behauptung	Begründung anhand von Gestaltungsmitteln	Textbeleg	Erläuterung der Wirkung	Rückbezug (für Schreibprofis ;-))
Der Ton der Kurzgeschichte ist humorvoll-ironisch.	x				
Dies zeigt sich u. a. an den zahlreichen Übertreibungen, mit denen der Erzähler das Verhalten seiner Tochter beschreibt.		x			
So behauptet er, in ihren Augen seien alle über Dreißigjährigen „uralt" (Z. 16) oder sie wünsche sich einen Schal, an dem „mindestens drei Großmütter zweieinhalb Jahre gestrickt haben" (Z. 6 ff.).			x		
Mit solchen Hyperbeln gelingt es, das Ausmaß des pubertären Verhaltens zu verdeutlichen und den Leser außerdem zum Schmunzeln zu bringen.				x	
So extrem das Benehmen der Tochter auch sein mag, durch die witzige Darstellung wird das Potenzial an Ärger oder Streit, das die Ansichten der Tochter mit sich bringen könnten, abgemildert oder zurückgenommen.					x

Seite 29
Aufgabe 7
Der Ton der Kurzgeschichte ist humorvoll-ironisch. Dies zeigt sich u. a. an den zahlreichen Übertreibungen, mit denen der Erzähler das Verhalten seiner Tochter beschreibt. So bezeichnet er die laute Musik als „Überschallverdrängung unangenehmer logischer Schlüsse" (Z. 24 f.). Mit solchen Kombinationen von Metapher und Hyperbel gelingt es, das Ausmaß des pubertären Verhaltens zu verdeutlichen und den Leser außerdem zum Schmunzeln zu bringen.

Aufgabe 8
Die Sprache der Kurzgeschichte verfügt über eine ausgeprägte Bildlichkeit. Mit vielen Metaphern veranschaulicht der Erzähler das Verhalten der Tochter. Sie wünscht sich einen Schal, der wie „eine Art Niagara-Fall aus Wolle" (Z. 8) ist; dieser erscheint dem Vater ähnlich überdimensioniert wie einer der größten Wasserfälle der Erde. Die Bezeichnung „Ausläufer einer Hügellandschaft" (Z. 41 f.) für die Kleider-, Bücher- und Abfallstapel, die sich im Zimmer der Tochter auftürmen, entstammt ebenfalls dem Feld der Geographie. Auch diese Metapher dient dazu, die Größe des Chaos zu beschreiben, das die Jugendliche erzeugt. Anders verhält es sich mit der lauten Musik als „Überschallverdrängung unangenehmer logischer Schlüsse" (Z. 24 f.). Hier werden ähnlich überspitzt Fachbegriffe aus den Bereichen der Akustik und Psychologie herangezogen, um die gewaltige Lautstärke angemessen und gleichzeitig humorvoll-ironisch darzustellen.

3.2 Mehrere sprachliche Gestaltungsmittel im Zusammenhang deuten

Seite 30
Aufgabe 1
<mark>An diesem Freitag im Juli dachte</mark> sie: Wenn der jetzt noch kommt, bin ich fort.
<mark>An diesem Freitag im Juli</mark> arbeitete er an zwei Zeilen den ganzen Tag. Das Brot ist saurer verdient, als einer sich vorstellen kann, <mark>dachte</mark> er.
<mark>Sie dachte</mark>: Dann soll er zusehen.
<mark>Er dachte</mark>: Und heute wird's nicht mehr besser.
<mark>Sie</mark>: Vielleicht ist die Schallplatte schon da.
<mark>Er</mark>: Bei den Ungarn soll es den Lukács geben.
<mark>Sie</mark> nahm Handtasche und Jacke und ging hinaus auf die Straße.
<mark>Er</mark> griff sein Jackett und die Zigaretten.
<mark>Sie</mark> überquerte die Brücke.
<mark>Er</mark> ging die Friedrichstraße hinauf.
Und sie, weil der Bus noch nicht in Sicht war, auf einen Sprung nur ins Antiquariat.
Er passierte die Französische Straße.
Sie kaufte ein Buch. Und der Preis für das Buch war 12 Mark.
Und als der Bus hielt, <mark>stieg er ein</mark>.
Das Geld hatte sie passend.
<mark>Und als</mark> der Bus eben die Türen schloss, kam sie aus dem Laden.
<mark>Und als</mark> sie den Buch noch warten sah, begann sie zu laufen.
<mark>Und</mark> der Busfahrer öffnete für sie, ausnahmsweise, noch einmal die hintere Tür.
<mark>Und sie stieg ein.</mark>

Zusätzlich können die parallel aufgebauten Sätze markiert werden (d.h. Stilfiguren, die Wörter, Satzteile oder Strukturprinzipien wiederholen).
Erklärung: Die gleich aufgebauten Sätze zeigen die Gleichzeitigkeit und Parallelität der Handlungen des späteren Liebespaares. Der Leser wird damit auf das Zusammentreffen und den Beginn der Beziehung vorbereitet.

Seite 31
Aufgabe 2
a) Es werden auffällig häufig Stilmittel verwendet, die die Wiederholung und die Parallelität der Ereignisse unterstreichen: Anapher (Z. 1–2), Parallelismus (Z. 4–11, Satzanfang: anapherähnliche Parallelstrukturen: Sie/Er, Sie nahm/Er griff), Wiederholung (dachte), Antithese (Sie/Er als gegenseitige Ergänzung), Chiasmus bei der Stellung des Redebegleitsatzes in den Zeilen 1-3 (dachte sie: [...] – [...] dachte er). Es entsteht nicht der Eindruck der Parallelität, sondern auch die Vorstellung, dass sich die beiden auf dem Berliner Stadtplan unausweichlich aufeinander zubewegen.
b) Auch der regelmäßige Wechsel zwischen den Personalpronomen „sie" und „er" hat die Wirkung, dass vor dem geistigen Auge des Lesers eine Art Splitscreen entsteht, auf dem die Handlungen der beiden Protagonisten zeitgleich verfolgt werden können.

Aufgabe 3
Auszug aus Schülertext B:
In dem Auszug aus dem Roman werden <u>parallel zueinander die Wege von Katharina und Hans beschrieben, bis beide aufeinandertreffen</u>. Auffällig ist die Verwendung von Wiederholungen. So werden die meist eher kurz gehaltenen Sätze häufig durch die Konjunktion „und" (z. B. Z. 18 ff.) und das temporale Adverb „dann" (Z. 44) verbunden. Dadurch entsteht <u>der Eindruck, dass sich ein Handlungsschritt zwangsläufig und logisch aus dem vorherigen ergibt</u>.

Deutungshypothese aus Kapitel 2:
In dem Auszug aus dem Roman „Kairos" von Jenny Erpenbeck wird dargestellt, wie Hans und Katharina, <u>das spätere Liebespaar</u>, durch eine <u>Verkettung mehrerer Zufälle</u> sowie durch eine <u>gezielte Kontaktaufnahme zum ersten Mal zusammentreffen</u>. Die beiden ergreifen die sich bietende Gelegenheit für eine Liebesbeziehung, die für beide <u>schicksalhaft</u> sein wird.

Seite 32
Aufgabe 4
Die zeitgleich ablaufenden oder unmittelbar aufeinander folgenden Handlungen werden durch Parallelismen dargestellt und durch Anaphern noch verstärkt. Fast alle Sätze am Textbeginn sind gleich aufgebaut, z. B.: „Sie nahm die Handtasche und .../ Er griff sein Jackett und .../ Sie überquerte .../ Er ging ..." (Z. 8–11). Intensiviert wird die Parallelführung der Handlung außerdem durch die Anaphern. Die ersten Sätze weisen nicht nur den gleichen syntaktischen Aufbau auf, sondern beginnen auch mit der gleichen Wortgruppe („An diesem Freitag im Juli dachte sie: ..."/ „An diesem Freitag im Julie dachte er:...", Z. 1 f.). Aufgrund der sprachlichen Gestaltung kann der Leser also bereits erahnen, dass die beiden Protagonisten ähnliche Erlebnisse und Ziele haben und möglicherweise füreinander bestimmt sind.

3.3 Die Erzählinstanz und die Darstellungsweise eines Textes untersuchen

Seite 34
Aufgabe 1
(X) nüchtern
(X) spannungsgeladen
( ) emotional
   Falsch, da der Stil eher zurückhaltend ist (z. B. ohne emotionale Adjektive)
( ) rasant
   Falsch, da sich die Handlung zwar zügig, aber nicht zu schnell entwickelt
( ) gemächlich
   s.o.
( ) ironisch
   Falsch, da keine Ironiesignale erkennbar sind
( ) witzig
   Falsch, da die Ernsthaftigkeit der sich anbahnenden Liebesbeziehung durch die unausweichliche Annäherung der beiden Protagonisten betont wird
(X) kühl

Aufgabe 2
Z. 1–3:   Er-/Sie-Erzähler mit Innensicht
Z. 63–64: verborgener, allwissender Erzähler

Aufgabe 3
z. B. Z. 44: „Aber dann verstand sie, dass sie ..."; Z. 1–2: „ ... dachte sie", „ ... dachte er." (bzw. der gesamte erste Abschnitt, Z. 1–11: Referieren der Gedanken von Katharina und Hans)

Aufgabe 4
Die Erzählinstanz unterstützt die Parallelführung der Handlung,
( ) indem der Erzähler passende Stilmittel verwendet.
   Falsch, da die Stilmittel nicht von der (textimmanenten) Erzählinstanz verwendet werden.
(X) indem sie die uneingeschränkte Innensicht der Figuren hat und deshalb weiß, was in den Figuren vorgeht.
(X) indem der Erzähler außerhalb der Handlung steht und den Weg der Protagonisten „von oben" überblicken kann.
( ) weil der Text in direkter Rede wiedergegeben werden kann.
   Falsch, da dies bei fast allen Texten möglich ist; außerdem begründet die Aussage nicht die Parallelführung.

Aufgabe 5
Durch den Erzählerbericht in der Passage von Z. 48–57 wird gestalterisch verdeutlicht, dass die Handlung (das Zurücklegen des Fußwegs zum Ungarischen Kulturzentrum) an Dynamik zunimmt. Außerdem wird aus der Außensicht ein Ereignis geschildert, das Feststecken von Katharinas Absatz im Pflaster, das zu einem erneuten Blickkontakt führt.

Im Abschnitt von Z. 60–62 liegt Figurenrede vor. Dadurch entsteht die Wirkung, dass die Passage, in der sich die Protagonisten hier zum ersten Mal ansprechen, besonders wichtig ist. Die Verabredung zum Kaffee markiert gleichzeitig den Beginn ihrer Beziehung.

Seite 35
Aufgabe 6

Der Wechsel zwischen Erzählerbericht und Figurenrede ermöglicht
- (X) die gleichzeitige Vermittlung von Innen- und Außensicht, also eine subjektive und eine objektive Perspektive auf das Geschehen.
- (X) eine stilistische Abwechslung, die die Spannung erhöht.
- ( ) den Wegfall von Redebegleitsätzen, weil diese unnötig sind.
  Falsch, denn die ersten Zeilen des Textes zeigen, dass Redebegleitsätze nicht störend wirken. Also kann dies nicht als Grund für den Erzählerbericht betrachtet werden.
- (X) die Hervorhebung von entscheidenden Aussagen durch direkte Rede.

Aufgabe 7

Im letzten Abschnitt des Textes (Z. 58–64) liegt Figurenrede vor, **(Begründung:)** denn so entsteht ein Kontrast zum Erzählerbericht in den vorhergehenden Passagen. **(Beleg:)** So weist Katharina Hans darauf hin, dass das Ungarische Kulturzentrum „schon geschlossen" ist (Z. 60), er schlägt ihr vor, „einen Kaffee [zu trinken]" (Z. 61) und sie antwortet mit „Ja" (Z. 62). **(Wirkung/Folgerung:)** Dadurch entsteht beim Leser der Eindruck, unmittelbar Zeuge des Kennenlernens zu sein und die Wichtigkeit der Szene wird betont. Die Verabredung zum Kaffee ist gleichzeitig der Beginn der Beziehung. Katharinas „Ja" gleicht somit fast der Besiegelung einer Ehe vor dem Standesamt.

3.4 Die Zeitgestaltung eines Erzähltextes untersuchen

Seite 36
Aufgabe 1

a) Zeitsprung; b) Rückblende; c) Zeitpause; d) Zeitraffung; e) Zeitdeckung; f) Zeitraffung

Seite 37
Aufgabe 2

	Zeit-raffung	Zeit-deckung	Zeit-dehnung	Chrono-logie	Zeit-sprung	Zeitpause
An diesem Freitag im Juli arbeitete er an zwei Zeilen den ganzen Tag. (Z. 2)	X					
Sie sah ihn lächeln, und lächelte auch. (Z. 43)		X				
Er ging die Friedrichstraße hinauf. (Z. 11)	X					
Auf Höhe des Operncafés verfinsterte sich der Himmel, beim Kronprinzenpalais brach das Gewitter los […]. (Z. 22 f.)				X		
Nun hielt der Bus am Alex. Die Haltestelle aber war unter der S-Bahn-Brücke. Nach dem Aussteigen blieb sie unter der Brücke stehen, um auf das Ende des Regens zu warten. (Z. 33 ff.)						X

Begründungen: schülereigene Lösungen

Aufgabe 3

(Behauptung:) Der parallele Handlungsaufbau wird auch durch die Zeitgestaltung der Geschichte unterstützt, **(Begründung:)** weil durch die zeitdeckende / ~~zeitraffende~~ / ~~zeitdehnende~~ Darstellung die Gedanken und Handlungen der Figuren unmittelbar verglichen werden können. So erhält der Leser ~~eine Wertung~~ / einen Überblick / ~~eine ironische Darstellung~~ des Geschehens. **(Beleg:)** Das zeigen zum Beispiel die Zeilen 8–11: „Sie nahm Handtasche und Jacke und ging hinaus auf die Straße. Er griff sein Jackett und die Zigaretten. Sie überquerte die Brücke. Er ging die Friedrichstraße hinauf."

(Wirkung/Folgerung:) Der Leser kann hier wie von einem höhergelegenen Aussichtspunkt die Wege bzw. die Annäherung der beiden Protagonisten beobachten. Der Text legt somit nahe, dass die beiden sich kennenlernen müssen.

Seite 38
Aufgabe 4

Der Spannungsaufbau, der laut dem Rezensenten Helmut Böttiger wie ein „Sog" wirkt, wird begünstigt durch die Parallelität der Handlungen, die sprachlichen Wiederholungen und die zeitdeckende bzw. gelegentlich zeitraffende Dramaturgie.

Aufgabe 5

Das schicksalhafte Aufeinandertreffen von Hans und Katharina wird durch die sprachlichen und erzählerischen Gestaltungsmittel vorbereitet. Mit den Stilmitteln des Parallelismus und der Wiederholung werden ihre Wege einander gegenübergestellt, die Übereinstimmungen werden betont. Beschleunigung und Verlangsamung durch die meist zeitdeckende Erzählweise dienen dem Spannungsaufbau. Durch den Wechsel von Erzählerbericht und direkter Rede werden die äußeren Impulse, die ihre Gedanken und ihr Gespräch beeinflussen, im Wechsel wiedergegeben. Insgesamt entsteht der Eindruck der Zwangsläufigkeit ihrer Liebesbeziehung.

Aufgabe 6

Fehlertext

Der Beginn des Romans „Kairos" von Jenny Erpenbeck ist ~~eine sehr empfehlenswerte Lektüre, denn es gelingt der Autorin gut~~, die Kontaktaufnahme von Hans und Katharina zu beschreiben. Das Aufeinandertreffen der Protagonisten wird genauestens dramaturgisch vorbereitet und auch die sprachlich-stilistischen Gestaltungsmittel erwecken den Eindruck, dass die Liebesbeziehung der beiden schicksalhaft ist. ~~Der Leser bekommt daraufhin Lust zu erfahren, wie es mit dem Paar weitergeht und welche Rolle der Zufall spielen wird.~~

Randbemerkung

Kommentar [c1]: Wertung und Empfehlung

Kommentar [c2]: Ausblick aus Lesersicht

Aufgabe 7

Der Beginn des Romans „Kairos" von Jenny Erpenbeck beschreibt sehr eingehend die Kontaktaufnahme von Hans und Katharina. Das Aufeinandertreffen der beiden wird genauestens dramaturgisch vorbereitet und auch auf der sprachlich-stilistischen Ebene wird der Eindruck vermittelt, den der Erzähler am Ende so formuliert: „Alles war so gekommen, wie es hatte kommen müssen." (Z. 63)

3.5 Eine Deutung formulien und überarbeiten

Seite 39
Möglicher Zieltext:

In dem Auszug aus dem Roman werden parallel zueinander die Wege von Katharina und Hans beschrieben, bis beide aufeinandertreffen und miteinander sprechen. Auffällig ist die Verwendung von Wiederholungen. So werden die meist eher kurz gehaltenen Sätze häufig durch die Konjunktion „und" (z. B. Z. 16–21) und das temporale Adverb „dann" (Z. 44 u. 47) verbunden. Dadurch entsteht der Eindruck, dass sich ein Handlungsschritt zwangsläufig und logisch aus dem vorherigen ergibt.

Die zeitgleich ablaufenden oder unmittelbar aufeinander folgenden Handlungen werden durch Parallelismen dargestellt und ihre Ähnlichkeit durch Anaphern noch verstärkt. Fast alle Sätze im ersten Abschnitt des Textes sind gleich aufgebaut, z. B.: „Sie nahm die Handtasche und …/ Er griff sein Jackett und …/ Sie überquerte …/ Er ging …" (Z. 8–11).

Diese Parallelführung der Handlung durch die Verwendung von Anaphern zeigt sich bereits in den ersten Sätzen des Textes: Sie weisen nicht nur den gleichen syntaktischen Aufbau auf, sondern beginnen auch mit der gleichen Wortgruppe („An diesem Freitag im Juli dachte sie: …"/ „An diesem Freitag im Julie dachte er: …", Z. 1 ff.). Aufgrund der sprachlichen Gestaltung kann der Leser bereits erahnen, dass die beiden Protagonisten ähnliche Erlebnisse und Ziele haben und möglicherweise füreinander bestimmt sind.

Passend zum Nebeneinander der Protagonisten wurde als Erzählinstanz ein Er-/ Sie-Erzähler gewählt, der über die uneingeschränkte Innensicht beider Figuren verfügt und daher sowohl ihre Gedanken als auch ihren Weg durch Berlin bis zum Zusammentreffen genau beschreiben und, wenn nötig, auch den Schauplatz schnell wechseln kann: „Sie überquerte die Brücke. Er ging die Friedrichstraße hinauf." (Z. 10 f.)

Die Darstellungsweise wechselt zwischen dem Erzählerbericht und der direkten Figurenrede (die zunächst v. a. die Gedanken des Paares wiedergibt). So wird in der Passage von Z. 48–57 z. B. der Erzählerbericht verwendet, weil die Handlung (der Fußweg der Protagonisten zum Ungarischen Kulturzentrum) an Tempo aufnehmen soll. Außerdem wird aus der Außensicht ein „Ereignis" der äußeren Handlung geschildert: das Feststecken von Katharinas Absatz im Pflaster, das letztendlich zu einem erneuten Blickkontakt führt.

Im letzten Abschnitt des Textes (Z. 60–64) liegt hingegen größtenteils Figurenrede vor, denn dadurch entsteht ein Kontrast zum Erzählerbericht in den vorhergehenden Passagen. So weist Katharina Hans darauf hin, dass das Ungarische Kulturzentrum „schon geschlossen" ist (Z. 60), er schlägt ihr vor, „einen Kaffee [zu trinken]" (Z. 61) und sie antwortet mit „Ja" (Z. 62). Dadurch entsteht beim Leser der Eindruck, unmittelbar Zeuge des Kennenlernens zu sein und die Wichtigkeit der Szene wird betont. Die Verabredung zum Kaffee ist gleichzeitig der Beginn der Beziehung. Katharinas „Ja" gleicht somit fast der Besiegelung einer Ehe vor dem Standesamt.

Diese Variation in der Darstellungsweise ermöglicht die gleichzeitige Vermittlung von Innen- und Außensicht, bietet also eine subjektive und eine objektive Perspektive auf das Geschehen. Zudem erhöht sich durch diese stilistische Abwechslung die Spannung.

Fast der ganze Text wird zeitdeckend und chronologisch erzählt. Ein gutes Beispiel für diese Technik findet sich in den Zeilen 27–33 („Die Türen schlossen sich wieder … S-Bahn-Brücke."). Die Erzählzeit entspricht hier ungefähr der erzählten Zeit. Dadurch dass in dieser Passage nichts Besonderes geschieht und scheinbar völlig Selbstverständliches berichtet wird, steigt beim Leser die Spannung. Teilweise entsteht sogar der Eindruck, der Höhepunkt würde hinausgezögert, die Zeit also gedehnt.

Der parallele Handlungsaufbau wird somit auch durch die Zeitgestaltung der Geschichte unterstützt, weil die Handlungen, die zeitdeckend geschildert werden, durch diese Erzählweise noch stärker hervorgehoben werden können. Auch der regelmäßige Wechsel zwischen den Personalpronomen „sie" und „er", der einen direkten Vergleich zwischen den Gedanken und Handlungen der Protagonisten ermöglicht, trägt zur Unterstützung der Parallelität bei. Fast entsteht der Eindruck eines Splitscreens, auf dem der Leser den unmittelbaren Überblick über die Handlungen beider Figuren bekommt.

So wird das Aufeinandertreffen genauestens dramaturgisch vorbereitet und auch auf der sprachlich-stilistischen Ebene der Eindruck vermittelt, den der Erzähler am Ende so formuliert: „Alles war so gekommen, wie es hatte kommen müssen." (Z. 63)

4. Einen interpretierenden Text selbstständig verfassen

4.1 Die Schreibaufgabe verstehen

Seite 40
Aufgabe 1
Struktur: strukturierte Zusammenfassung unter angemessener Distanzierung vom Text – Erzählinstanz und Darstellungsweise (Erzählerbericht, Figurenrede) untersuchen – Beantwortung der Frage, wie der neue Freund beschrieben wird, dazu Untersuchung von Satzbau, Satzarten, Wortwahl, Wortfeldern, rhetorischen Stilmitteln

Aufgabe 2
Die Beantwortung der dritten Teilaufgabe ergibt sich logisch aus den ersten beiden. Bei geeigneter Distanzierung vom Text liefert die strukturierte Inhaltsangabe die wesentlichen Handlungsschritte und gibt Auskunft über den Aufbau des Textes. Anhand der Erzählinstanz (v. a. Erzählerwissen und Erzählperspektive) lässt sich die Leserlenkung hinsichtlich der Beurteilung der Figuren feststellen. Die Untersuchung der Darstellungsweise zeigt, an welchen Stellen die subjektive Meinung der Figuren (z.B. in der direkten Rede) erfahren werden kann. Die Erläuterungen der Sprachgestaltung stützen, vertiefen und belegen die bereits zuvor gewonnenen Ergebnisse. Dafür geeignete sprachliche Mittel sollten gezielt ausgewählt und auf die Deutungshypothese bezogen dargestellt werden.

4.2 Den Text planen und schreiben

Seite 41
Aufgabe 1
Situation: beim gemeinsamen Essen der Familie, nach dem Besuch des neuen Freundes der Tochter
Gesprächsteilnehmer: Eltern; Kinder: Rita, Nanni, Milene

Aufgabe 2

Persönlichkeitsmerkmal	Beschreibung(en) im Text	sprachliche Gestaltung an einem Beispiel
zu dick, wirkt nicht gesund	„fett für sein Alter" (Z. 4)	Vergleich bzw. Metapher: „weich wie ein Molch" (Z. 10), „die große fette Qualle" (Z. 54)
schüchtern, zurückhaltend	„ängstlich" (Z. 36)	Wiederholung (Repetitio): „Er war ja so ängstlich, dass er seine letzte Bahn noch kriegt, sagte er. So was von ängstlich." (Z. 35 ff.)
wenig selbstbewusst, lächerlich	Familienmitglieder lachen über ihn, denn sie halten ihn für „grässlich komisch" (Z. 16 f.)	Metapher: „Das Lachen schwoll an, türmte sich vor ihr auf, wartete und stürzte sich dann herab, es spülte über sie weg und verbarg sie" (Z. 43–45)
unreif	lebt bei seiner Mutter (vgl. Z. 38) und pflegt sie vermutlich, weil sie „nicht ganz gesund" ist (Z. 41)	Figurenrede (einer der wenigen Sätze, die Rita sagt): „Seine Mutter ist nicht ganz gesund, so viel ich weiß." (Z. 41 f.)

Seite 42
Aufgabe 3
Rita: sitzt gerade, muss sich festhalten, große Anspannung (Z. 7 f., 24 f., 40 f.)
Nanni, Milene: großes Gelächter (Z. 1, 16, 39 ...), laute Stimmen (Z. 18, 29, 43 ff.)
Mutter: vergebliche Versuche, sich zurückzuhalten (Z. 15–17, 48–51)
Eltern und Schwestern: Scham, gesenkte Köpfe, Stille (Z. 76 ff.)

Aufgabe 4
„Nett" ist kaum als Lob zu verstehen, sondern ironisch. Es bedeutet im Text so viel wie „belanglos", „harmlos", „nicht ernst zu nehmen". Insofern führt der Titel den Leser bewusst in die falsche Richtung. Erst die Lektüre der gesamten Geschichte offenbart die eigentliche Bedeutung des Titels.

Aufgabe 5
Erzählinstanz verfügt über Innensicht Ritas (vgl. die genannten Zeilen); ansonsten scheinbar neutraler Erzählerbericht in Außensicht

Aufgabe 6

Wendepunkt: Z. 58, „Ich habe mich verlobt mit ihm."
Vorherrschende sprachliche Gestaltungsmittel
(a) vor dem Wendepunkt:
- Metapher/ Vergleich („weich wie ein Molch" Z. 10, „fette Qualle" Z. 54)
- emotionale Sprache/Umgangssprache (z.B. Interjektionen: „Ach", Z. 8, umgangssprachliche Formen: „Ich find", Z. 32, Einschübe: „Ich auch, wirklich, ich find ihn auch nett." Z. 32)
- Abwertungen („grässlich", Z. 16 f., „fett", Z. 20, „ekeln", Z. 33, „ängstlich", Z. 36)
- direkte Rede

(b) nach dem Wendepunkt: Wortfeld „Manieren", „Ruhe" („gesittet, Z. 64, „höflich", Z. 69 f., „vorsichtig", Z. 64 f., „behutsam", Z. 76, „gezähmt", Z. 76 f.)

Aufgabe 7

In der Kurzgeschichte macht sich eine Familie in dessen Abwesenheit über den neuen Freund der Tochter lustig. Als die Tochter schließlich verkündet, dass sie sich mit ihm verlobt hat, geraten alle in große Verlegenheit und versuchen vergeblich, die Situation zu retten.

Aufgabe 8

Lösungsvorschlag:

(Einleitung mit Deutungshypothese)

In der Kurzgeschichte „Ein netter Kerl" von Gabriele Wohmann, die 1978 erschienen ist, macht sich eine Familie in dessen Abwesenheit über den neuen Freund der Tochter lustig. Als die Tochter schließlich verkündet, dass sie sich mit ihm verlobt hat, geraten alle in große Verlegenheit und versuchen vergeblich, die Situation zu retten. Die Haltung der Familie lässt sich insbesondere an den sprachlichen und stilistischen Gestaltungsmitteln erkennen.

(Strukturierte Zusammenfassung)

Die Geschichte beginnt ohne Einleitung damit, dass sich die Familienmitglieder respektlos und beleidigend über den neuen Freund der Tochter Rita äußern. Dieser war anscheinend zum ersten Mal zum Essen eingeladen und hat die Wohnung gerade verlassen. Ritas schwache Versuche, ihn gegen den Spott der Schwestern und Eltern zu verteidigen, bleiben erfolglos, sie rufen im Gegenteil noch mehr Abwertungen hervor.

Ein Wendepunkt tritt ein, als Rita verkündet, sie habe sich mit dem jungen Mann verlobt, denn nun sehen die anderen ein, dass sie übertrieben haben. Die Geschichte endet damit, dass die Eltern versuchen, die Situation zu retten, indem sie die Peinlichkeit überspielen und positive Seiten an dem neuen Freund entdecken, doch die Kommunikation bleibt gestört und das Gespräch kann nicht mehr aufgenommen werden.

(Erzählverhalten und Darstellungsweise)

Die Kurzgeschichte wirkt wie die Szene aus einem Theaterstück: Es überwiegt bei Weitem die Figurenrede, nur unterbrochen vom Erzählerbericht, wenn dieser absolut notwendig ist, um die Situation zu beschreiben, und zwar vor allem am Ende der Geschichte: „Sie saßen gesittet und ernst und bewegten vorsichtig Messer und Gabeln." (Z. 64 f.) Die Erzählinstanz verfügt nur über die Innensicht Ritas – dies wird aber auch nur an wenigen Stellen deutlich, z. B. als der Leser aufgefordert wird, die Familienmitglieder mit den Augen der Tochter zu betrachten: „Rita sah sie alle behutsam dasitzen, sie sah gezähmte Lippen. Die roten Flecken in den Gesichtern blieben noch eine Weile." (Z. 76 ff.) Ansonsten bleibt die Erzählinstanz verborgen, es ist keine Wertung oder Einmischung erkennbar: Der Leser soll sich anhand der Äußerungen sein eigenes Bild von den Protagonisten machen.

(Sprachliche Gestaltung/ Interpretationsfrage)

Die sprachliche Gestaltung entspricht der szenischen Form der Kurzgeschichte. Da große Teile des Textes in direkter Rede verfasst sind, überwiegen kurze Sätze, teilweise auch Ellipsen in Verbindung mit Wiederholungen (vgl. Z. 35 ff.: „Er war ja so ängstlich, dass er seine letzte Bahn noch kriegt [...]. So was von ängstlich."). Dazu kommen typische Kennzeichen gesprochener Sprache wie Interjektionen („Ach", Z. 8), umgangssprachliche Formen („Ich find", Z. 32) und Einschübe: „Ich auch, wirklich, ich find ihn auch nett" (Z. 32 f.). Die alltagssprachliche Syntax, die nicht immer grammatikalisch korrekt ist, zeigt hier, dass es sich um ein informelles, auch emotionales Gespräch im privaten Umfeld handelt, wo scheinbar keiner seine Meinung verbergen muss.

Die Familienmitglieder sagen ohne Umschweife, was sie von Ritas neuem Freund denken. Dies ist auch an den zahlreichen beschreibenden Adjektiven erkennbar (vgl. „fett", Z. 4; „weich", Z. 10), die sich im Verlauf der Erzählung zu passenden Vergleichen und Metaphern steigern. Er sei ekelerregend „wie ein alter Mann" (Z. 20), „weich wie ein Molch" (Z. 10) und insgesamt eine „große fette Qualle" (Z. 54).

Demgegenüber stehen die scheinbar positiven Äußerungen, die aber nicht weniger abwertend und entwürdigend für Ritas Freund sind: „Er hat was Liebes" (Z. 12), „Insichruhendes" (Z. 26) und ist „höflich" (Z. 69 f.) und „menschlich angenehm" (Z. 72). Auch das Adjektiv „nett", das bereits im Titel und leitmotivisch auch immer wieder im Text auftritt (Z. 27, 32, 69), ist kaum als Lob zu verstehen, sondern eher ironisch. Es bedeutet so viel wie „harmlos" oder „belanglos". Niemand in der Familie findet eine Eigenschaft, die den Freund mit dem angemessenen Respekt charakterisiert.

Die wenigen Einschübe der Erzählinstanz zeigen ebenfalls indirekt, aber wirkungsvoll, wie Rita das Gespräch empfindet. Neben ihrer Körpersprache ersetzen Metaphern eine direkte Beschreibung ihrer Gefühle. Sie muss sich „mit den Händen am Sitz" festhalten (Z. 7 f., vgl. auch Z. 24 f. u. 40 f.), um nicht in dem Gelächter der Familie unterzugehen: „Das Lachen schwoll an, türmte sich vor ihr auf, wartete und stürzte sich dann herab, es spülte über sie weg und verbarg sie" (Z. 43–45). Als Bildquelle dient hier die Vorstellung einer Flutwelle, die Rita – ebenso wie der hemmungslose Spott ihrer Familie – die Luft nimmt, sie also existentiell bedroht. Ruhe kehrt erst ein, als sie gesteht, dass es ihr mit der Beziehung ernst ist. Die Wortwahl zeigt, dass die Dynamik aus dem Gespräch herausgenommen ist, denn es überwiegen die Wortfelder des zivilen Lebens, wie „Manieren" und „Zurückhaltung" („gesittet, Z. 64; „vorsichtig", Z. 64 f.; „höflich", Z. 69 f.; „behutsam", Z. 76; „gezähmt", 76 f.): Die Eltern und die Schwestern versuchen also wieder Anschluss an normale und wertschätzende Umgangsformen zu finden.

Es bleibt offen, ob und wie die Familie nach dieser enthemmten und rücksichtslosen Kommunikation wieder zu einem normalen Gesprächston zurückfinden könnte. Die von den Familienmitgliedern verwendete abwertende Sprache hat nicht nur den Freund beleidigt, sondern auch die Tochter aus der Gemeinschaft ausgestoßen, denn Rita hat in dieser Situation das wahre Gesicht ihrer Angehörigen gesehen und das wird in ihrer beißenden Entgegnung auf den Spott ihrer Schwester auch deutlich: „He, Nanni, bist du mir denn nicht dankbar, mit der Qualle hab ich mich verlobt, stell dir das doch mal vor!" (Z. 66–68).

4. Untersuche, wie Zitate zielgerichtet als Belege eingesetzt werden.
   a) Vergleiche die folgenden Textversionen. Erkläre, warum Version (2) sinnvoller ist:

   (1) Dieses Ereignis wird durch die zweimalige Verwendung des Adjektivs „plötzlich" dargestellt: Die Menschen reagieren verstört, „als plötzlich die Affen ihrerseits auf dem Boden verstreutes Futter zusammenkratzten und uns durch das Gitter herausreichten. Der Theologieprofessor und ich waren über das plötzliche Verhalten der Affen so erschrocken gewesen, dass wir augenblicklich kehrtmachten und Schönbrunn durch den nächstbesten Ausgang verließen" (Z. 14 ff.).

   (2) Dieses Ereignis wird durch die zweimalige Verwendung des Adjektivs „plötzlich" hervorgehoben: Die Menschen reagieren verstört, „als plötzlich die Affen" (Z. 14 f.) ihnen Futter anbieten, denn auf „das plötzliche Verhalten der Affen" (Z. 18) sind sie nicht vorbereitet.

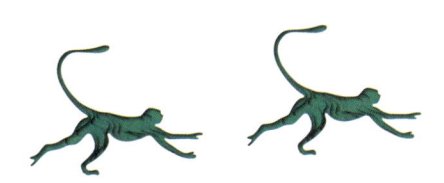

   _____
   _____
   _____

   b) Ordne zu: Welche Zitate belegen die Beschleunigung, welche das Unerwartete der Situation?
   Ausgelöst vom unerwarteten Geschehnis wird die Handlung beschleunigt: Die beiden Besucher sind „erschrocken", wenden sich „augenblicklich" zum Gehen und eilen aus dem Zoo durch den „nächstbesten Ausgang" (Z. 19-21).

   die Beschleunigung: _____

   das Unerwartete: _____

5. Unterringle Formulierungen in Schülertext A, die zeigen, dass Text 1 verschiedene Deutungen des Titels ermöglicht, z. B. *lässt vermuten*.

> **Im Fokus: Die Erzähltextanalyse**
>
> Eine Erzähltextanalyse besteht aus Einleitung, strukturierter Zusammenfassung und Analyse sprachlicher und erzähltechnischer Gestaltungsmittel.
> Die **Einleitung** enthält Angaben zu Textsorte, Autor, Titel, zur Veröffentlichung (z. B. Erscheinungsort /-jahr) sowie eine Deutungshypothese, auf die im Hauptteil Bezug genommen wird.
> In der **strukturierten Inhaltszusammenfassung** werden Aufbau und Handlungsverlauf des Erzähltextes mithilfe eigener strukturierender und erklärender Formulierungen prägnant wiedergegeben. Wichtig ist hier, dass die Zusammenhänge, Ursachen und Folgen von Handlungselementen klar werden.
> In der **Analyse der Textgestaltung** werden erzählerische und sprachliche Auffälligkeiten im Hinblick auf ihre Funktion in der Erzählung untersucht. Die Beobachtungen werden stets am Ausgangstext belegt und argumentativ begründet: Formulierung einer einleitenden These – Beleg (Textzitat) – Erklärung der Wirkung oder Funktion im Handlungszusammenhang.

2 Den Inhalt eines Erzähltextes strukturiert zusammenfassen

Eine strukturierte Zusammenfassung ist Bestandteil eines interpretierenden Zieltextes. Wenn man einen literarischen Text zusammenfasst, benötigt man zunächst eine Deutungshypothese, die die Richtung der Zusammenfassung vorgibt.
In diesem Kapitel lernst du, wie man strukturierende Formulierungen verwendet, die den Aufbau und die logischen Zusammenhänge eines Erzähltextes verdeutlichen. Außerdem übst du, nicht nur den Textinhalt wiederzugeben, sondern dich so weit vom Text zu distanzieren, dass die Chronologie verändert und die Handlungsmotivation der Figuren klar wird, falls dies für das Verständnis der Handlung notwendig ist.

Text 2   Reiner Kunze: *Fünfzehn*

> **Reiner Kunze** (*1933 in Oelsnitz/Erzgebirge) ist ein deutscher Schriftsteller und DDR-Dissident. Sein wohl bekanntestes Werk ist der Prosaband „Die wunderbaren Jahre" (1976), aus dem auch die abgedruckte Geschichte stammt. U.a. aufgrund seiner in dem Band geäußerten kritischen Haltung gegenüber dem DDR-Regime musste er 1977 mit seiner Familie in die Bundesrepublik übersiedeln.

Sie trägt einen Rock, den kann man nicht beschreiben, denn schon ein einziges Wort wäre zu lang. Ihr Schal dagegen ähnelt einer Doppelschleppe: lässig um den Hals geworfen, fällt er
5 in ganzer Breite über Schienbein und Wade. (Am liebsten hätte sie einen Schal, an dem mindestens drei Großmütter zweieinhalb Jahre gestrickt haben – eine Art Niagara-Fall aus Wolle. Ich glaube, von einem solchen Schal würde sie behaupten,
10 dass er genau ihrem Lebensgefühl entspricht. Doch wer hat vor zweieinhalb Jahren wissen können, dass solche Schals heute Mode sein würden.) Zum Schal trägt sie Tennisschuhe, auf denen sich jeder ihrer Freunde und jede ihrer Freundinnen
15 unterschrieben haben. Sie ist fünfzehn Jahre alt und gibt nichts auf die Meinung uralter Leute – das sind alle Leute über dreißig.
Könnte einer von ihnen sie verstehen, selbst wenn er sich bemühen würde? Ich bin über dreißig.
20 Wenn sie Musik hört, vibrieren noch im übernächsten Zimmer die Türfüllungen. Ich weiß, diese Lautstärke bedeutet für sie Lustgewinn. Teilbefriedigung ihres Bedürfnisses nach Protest. Überschallverdrängung unangenehmer lo-
25 gischer Schlüsse. Trance. Dennoch ertappe ich mich immer wieder bei einer Kurzschlussreaktion: Ich spüre den Drang in mir, sie zu bitten, das Radio leiser zu stellen. Wie also könnte ich sie verstehen – bei diesem Nervensystem?
30 Noch hinderlicher ist die Neigung, allzu hochragende Gedanken erden zu wollen.
Auf den Möbeln ihres Zimmers flockt der Staub. Unter ihrem Bett wallt er. Dazwischen liegen Haarklemmen, Taschenspiegel, Knautschlackleder-
35 reste, Schnellhefter, Apfelstiele, ein Plastikbeutel mit der Aufschrift „Der Duft der großen weiten Welt", angelesene und übereinandergestülpte Bücher (Hesse[1], Karl May[2], Hölderlin[3]), Jeans mit in sich gekehrten Hosenbeinen, halb- und drei-
40 viertel gewendete Pullover, Strumpfhosen, Nylon und benutzte Taschentücher. (Die Ausläufer dieser Hügellandschaft erstrecken sich bis ins Bad und in die Küche.) Ich weiß: Sie will sich nicht den Nichtigkeiten des Lebens ausliefern. Sie fürchtet
45 die Einengung des Blicks, des Geistes. Sie fürchtet die Abstumpfung der Seele durch Wiederholung! Außerdem wägt sie die Tätigkeiten gegeneinander ab nach dem Maß an Unlustgefühlen, das mit ihnen verbunden sein könnte, und betrachtet es
50 als Ausdruck persönlicher Freiheit, die unlustintensiveren zu ignorieren. Doch nicht nur, dass ich ab und zu heimlich ihr Zimmer wische, um ihre Mutter vor Herzkrämpfen zu bewahren, – ich muss mich auch der Versuchung erwehren, diese
55 Neuigkeiten ins Blickfeld zu rücken und auf die Ausbildung innerer Zwänge hinzuwirken.
Einmal bin ich dieser Versuchung erlegen.
Sie ekelt sich schrecklich vor Spinnen. Also sagte ich: „Unter deinem Bett waren zwei Spinnennes-
60 ter."
Ihre mit lila Augentusche nachgedunkelten Lider verschwanden hinter den hervortretenden

Augenäpfeln, und sie begann „Iix! Ööx! Uh!" zu rufen, so dass ihre Englischlehrerin, wäre sie zugegen gewesen, von soviel Kehlkopfknacklauten – englisch „glottal stops" – ohnmächtig geworden wäre. „Und warum bauen sie ihre Nester gerade bei mir unterm Bett?"

„Dort werden sie nicht oft gestört." Direkter wollte ich nicht werden, und sie ist intelligent.

Am Abend hatte sie ihr inneres Gleichgewicht wiedergewonnen. Im Bett liegend, machte sie einen fast überlegen Eindruck. Ihre Hausschuhe standen auf dem Klavier. „Die stelle ich jetzt dorthin", sagte sie. „Damit keine Spinnen hineinkriechen können."

aus: „Die wunderbaren Jahre", 1976

[1] Hermann Hesse (1877–1962): deutsch-schweizerischer Schriftsteller. Seine Romane, z. B. *Der Steppenwolf* (1927) oder *Narziß und Goldmund* (1930), wurden v.a. von Jugendlichen gern gelesen.

[2] Karl May (1842–1912): Autor von Abenteuerromanen, Erfinder von Winnetou und Old Shatterhand

[3] Friedrich Hölderlin (1770–1843): deutscher Dichter, bekannt v.a. für sein lyrisches Werk

2.1 Die Schreibaufgabe verstehen

Schreibaufgabe

Interpretiere die Kurzgeschichte „Fünfzehn" von Reiner Kunze: Fasse den Text zunächst strukturiert zusammen. Erkläre anschließend, durch welche erzählerischen und sprachlichen Gestaltungsmittel die Einstellung des Vaters zur Tochter deutlich wird.

1. Erschließe die Schreibaufgabe, indem du die Schlüsselwörter markierst. Unterstreiche die Elemente der Aufgabe, die Hinweise zu einer möglichen Deutung der Geschichte geben.

2. Nummeriere die Arbeitsschritte in der richtigen Reihenfolge.

- [ ] einen Schreibplan erstellen
- [ ] die Sinnabschnitte mit einer kurzen Überschrift versehen
- [ ] den Text gründlich lesen und erste Markierungen vornehmen
- [ ] die handelnden Figuren und ihr Verhalten markieren (z. B. verschiedenfarbig)
- [ ] den Text in Sinnabschnitte unterteilen
- [ ] eine Deutungshypothese formulieren
- [ ] den gesamten Text überarbeiten
- [ ] den Text ausformulieren
- [ ] den Zusammenhang der Sinnabschnitte, also den Textaufbau, klären
- [ ] sprachliche Auffälligkeiten und besondere Gestaltungselemente markieren
- [ ] die Deutungshypothese überprüfen und gegebenenfalls überarbeiten

3. Ordne die Elemente dem jeweiligen Teil eines interpretierenden Zieltextes zu.
(Achtung: Nicht alle Elemente müssen zwingend in einem interpretierenden Zieltext enthalten sein.)

Teile des Zieltextes	Inhaltselemente
Basissatz/ Einleitung	Deutungshypothese
	Erzählinstanz
	Name des Autors
	Kurzbiographie des Autors
strukturierte Zusammenfassung	Titel der Erzählung und Textsorte
	Erscheinungsjahr
	Aufbau der Erzählung
	Hinweis auf die Gliederung des Aufsatzes
Analyseaufgabe(n) zur Textgestaltung	zentrale Handlungsschritte und deren Zusammenhang
	wichtige Elemente der Textgestaltung (sprachliche Mittel, Erzähltechnik) und deren Wirkung

2.2 Den Text untersuchen

Aufgaben zu Inhalt und Aufbau

1. Sammle in einem Cluster die Informationen zu den Figuren und der Problemlage, die in der Geschichte beschrieben wird.

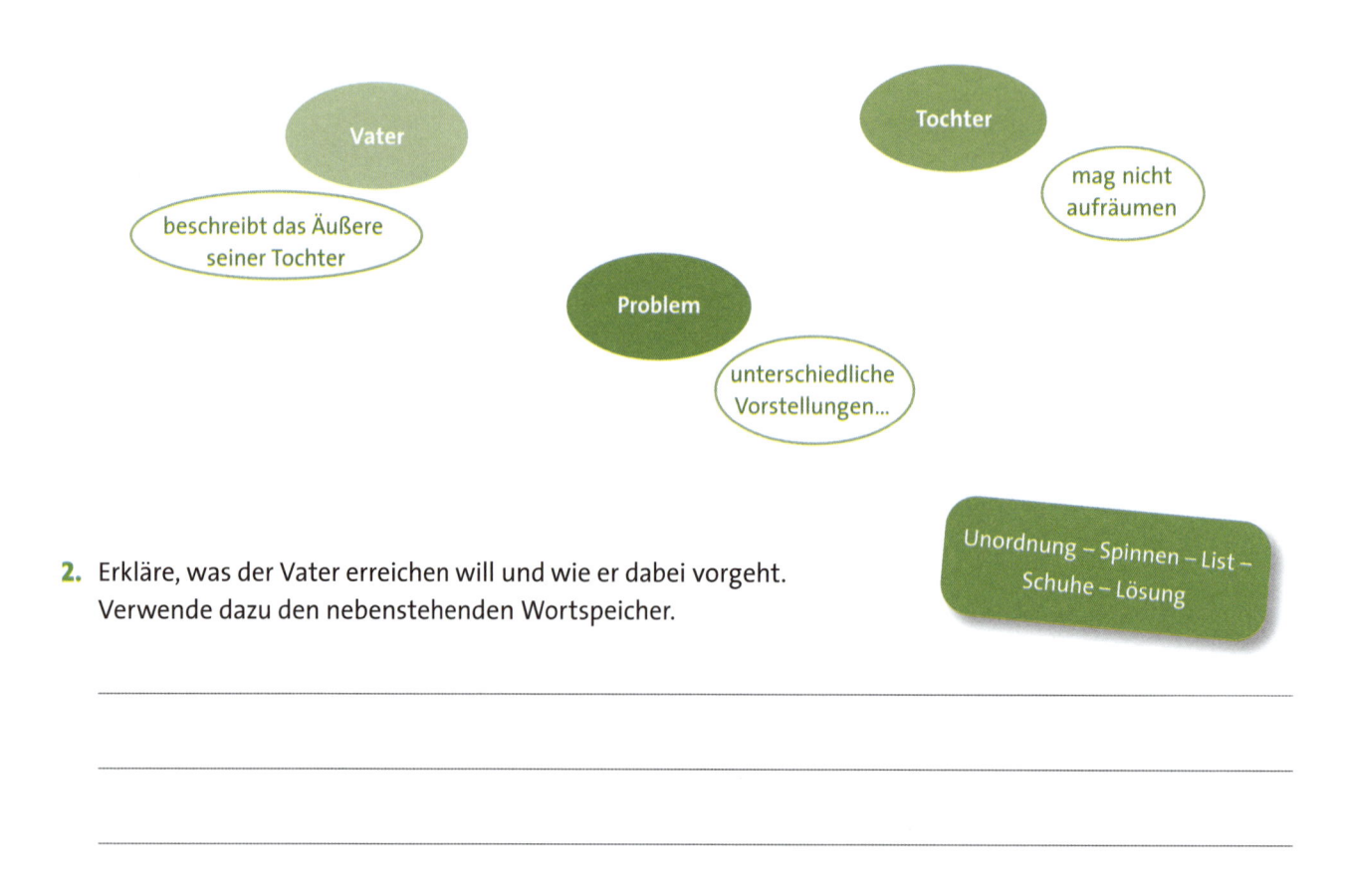

- **Vater**
  - beschreibt das Äußere seiner Tochter
- **Tochter**
  - mag nicht aufräumen
- **Problem**
  - unterschiedliche Vorstellungen…

2. Erkläre, was der Vater erreichen will und wie er dabei vorgeht. Verwende dazu den nebenstehenden Wortspeicher.

Unordnung – Spinnen – List – Schuhe – Lösung

_____
_____
_____

3. Erfasse den Aufbau der Kurzgeschichte, indem du zu den Sinnabschnitten die fehlenden Überschriften ergänzt.

Z. 1–19 _____

Z. 20–29 _____

Z. 30–56 *Unordnung im Zimmer der Tochter und Wahrnehmung durch den Vater*

Z. 57–76 _____

4. Notiere Formulierungen aus der Geschichte, die

a) Bewunderung _____

b) Wohlwollen _____

c) Kritik _____

ausdrücken.

5. Wähle die Aussagen aus, die deiner Meinung nach zutreffen. Diskutiere deine Auswahl anschließend in deiner Lerngruppe und begründe deine Entscheidung mit passenden Textstellen.

Textstellen

☐ Der Vater mag seine Tochter nicht. _____

☐ Der Vater kritisiert seine Tochter. _____

☐ Die Tochter will ihren Vater provozieren. _____

☐ Das Verhalten der Tochter irritiert den Vater. _____

☐ Der Vater akzeptiert seine Tochter, wie sie ist. _____

☐ Der Vater betrachtet das Verhalten der Tochter mit Humor. _____

☐ Der Vater ist mit dem Verhalten der Tochter unzufrieden. _____

☐ Die Tochter will ihren Vater nicht verstehen. _____

☐ Das Verhältnis zwischen Vater und Tochter ist gestört. _____

☐ Vater und Tochter sind heillos zerstritten. _____

☐ Der Vater bewundert seine Tochter heimlich. _____

Zusammenfassung

Aufgaben zur Textgestaltung

1. Erläutere die Rolle der Figuren in der Erzählung, indem du die falschen Informationen streichst.

Vater	Tochter	Mutter
• erzählt über seine Tochter • wird von seiner Tochter bewertet • taucht nur kurz in der Erzählung auf • spielt eine entscheidende Rolle im Handlungsverlauf	• erzählt über ihren Vater • wird von ihrem Vater beurteilt • ist die Hauptfigur der Erzählung	• äußert ihre Meinung über Vater und Tochter • wird vom Vater kurz erwähnt • wird vom Vater beurteilt • wird von der Tochter beurteilt • spielt eine wesentliche Rolle für die Handlung

2. Wähle die richtigen Antworten und belege deine Ergebnisse jeweils mit einem Beispiel aus dem Text. Wenn du dir unsicher bist, lies den Infokasten zur Erzählinstanz auf S. 33.

   Bei dem Erzähler der Kurzgeschichte handelt es sich um einen (Ich-/Sie-) Erzähler, der selbst (eine/keine) Figur ist und (innerhalb/außerhalb) der Handlung steht.

   Belege:

   Er verfügt über die Innensicht (einer/mehrerer) Figuren.

   Belege:

   Im zweiten Teil der Erzählung wandelt sich der Erzähler vom (aktiv Handelnden/Beobachter) zum (aktiv Handelnden/Beobachter).

   Belege:

3. „Einmal bin ich dieser Versuchung erlegen." (Z. 57) – Erkläre, warum dieser Satz einen Wendepunkt in der Handlung beschreibt, indem du die Tabelle ergänzt.

inhaltlich	Was passiert vorher / nachher?
sprachlich	Satzbau: Wortwahl: Tempusverwendung:

4. Wähle die Antwort aus, die deiner Meinung nach zutrifft. Begründe deine Wahl.

   Der Schluss der Geschichte ist ☐ überraschend.   ☐ vorhersehbar.

   ☐ witzig.   ☐ unlogisch.

   Begründung: _____

   _____

Zusammenfassung

5. Unterstreiche in der folgenden Definition, welche Merkmale der Kurzgeschichte auf „Fünfzehn" zutreffen.

> **IM FOKUS: Kurzgeschichte**
>
> Eine Kurzgeschichte ist eine kurze Erzählung, häufig ohne Einleitung, mit klar erkennbarem Wende- und/oder Höhepunkt in der Handlung und offenem oder überraschendem Schluss (überraschender Schluss = Pointe). Geschildert wird ein entscheidendes Ereignis aus dem Alltagsleben der Figuren, die Handlung hat nicht selten exemplarische Bedeutung und verweist oft auf komplexere Problemlagen. Die Sprache ist meist alltäglich, unemotional und lakonisch[1].

[1] kurz und bündig

2.3 Den Basissatz mit Deutungshypothese formulieren

1. Lies den Kasten und markiere jeweils die Deutung, die in den Entwürfen zur Deutungshypothese steckt, falls vorhanden. Notiere dann, welche Fehler (▶ IM FOKUS, S. 16) in den Deutungshypothesen gemacht wurden.

a) Ein Vater beschreibt mit viel Wohlwollen, aber auch leicht befremdet die aus seiner Sicht seltsamen Verhaltensweisen seiner pubertierenden 15-jährigen Tochter. Ein Versuch, ihr Verhalten zu ändern, scheitert an der völlig unterschiedlichen Denkweise der Tochter.

b) Es geht in der Kurzgeschichte um eine Fünfzehnjährige, die ihr Zimmer nicht aufräumt, einen seltsamen Style hat und zu laut Musik hört. Um ihren Vater, der ständig an ihr herumkritisiert, zu ärgern, findet sie eine kreative Lösung.

c) Die Kurzgeschichte „Fünfzehn" handelt von einem Konflikt zwischen Vater und Tochter.

d) Der Vater einer Fünfzehnjährigen ist unzufrieden mit ihrem Verhalten. Er kritisiert ironisch ihre Kleidung, ihre Musik und ihr Zimmer. Dann versucht er sie mit einer List zum Aufräumen zu bewegen. Doch die Tochter lässt sich nicht von ihm beeinflussen.

e) Im Mittelpunkt der Geschichte steht die Beziehung eines Vaters zu seiner 15-jährigen Tochter. Ihre aus seiner Sicht seltsamen Verhaltensweisen beschreibt er humorvoll, aber auch leicht befremdet. Da sein Versuch, die Unordnung in ihrem Zimmer zu beseitigen, scheitert, spricht er sich dafür aus, ihr Verhalten geduldig und wohlwollend zu ertragen.

Im Fokus: Die Deutungshypothese

Die Deutungshypothese ist ein **Teil der Einleitung** (▶ **Im Fokus**, S. 9). Sie soll in wenigen Sätzen eine Vermutung darüber formulieren, **wie man einen literarischen Text verstehen kann**. Dabei können die wichtigsten Figuren, Geschehnisse oder Themen genannt werden und sollen die grundlegenden Zusammenhänge klar werden. Die Deutungshypothese muss den Ausgang der Geschichte mitbedenken. Im Regelfall wird diese Vermutung im interpretierenden Zieltext durch die Untersuchung von Inhalt, Aufbau und Gestaltung bewiesen.

Wichtig ist bei der Formulierung ein angemessener Grad an **Abstraktion und Distanzierung vom Text**. Häufige Fehlerquellen sind:

- zu konkrete und umfangreiche Darstellung der Handlung (Nacherzählung)
- Fehlinterpretationen (durch ungenaues Lesen)
- umgangssprachlicher und unpassender Stil
- zu knappe und daher unvollständige Darstellung
- Zusammenfassung des Inhalts ohne Deutung

2. Unterstreiche alle abstrakten Formulierungen.

Kleidungsstil – Schal – herumliegende Bücher – Tennisschuhe – Unordnung im Zimmer – Ausdruck des Ekels – Ignorieren der elterlichen Aufforderungen – Wohnung vibriert – Lautstärke – Igitt-Rufe – Tochter hört dem Vater nicht zu

3. Streiche alle Formulierungen und Informationen, die in einer Deutungshypothese **nicht** enthalten sein sollen.

Vater beschreibt – Mutter steht vor dem Nervenzusammenbruch – mit Wohlwollen und Humor, aber auch mit Befremden – Kleidungsstil – langer Schal – Unterschrift der Freundinnen auf den Tennisschuhen – laute Musik – Verhaltensänderung – unterschiedliche Denkweisen – Angst vor Spinnen

4. Verfasse eine vollständige Einleitung (▶ **Im Fokus**, S. 9) zur Kurzgeschichte „Fünfzehn", in der die Deutungshypothese enthalten ist. Schreibe deine Lösung ins Heft oder am PC.

Einleitung und Deutungshypothese

Nenne die relevanten Informationen zum Ausgangstext:
- *In der Kurzgeschichte … / Im Auszug des Romans … von …, die/der … erschienen ist, wird gezeigt / geht es um …*
- *Der Erzähltext handelt von / beschreibt / thematisiert …*

Deute den Inhalt, indem du eine Hypothese zum Verständnis des Ausgangstextes aufstellst:
- *Mithilfe von … (sprachlichen Mitteln, Gestaltungsmerkmalen) wird gezeigt, dass …*
- *Die spannende / unheimliche (passende Adjektive) Wirkung entsteht durch …*
- *Im Mittelpunkt steht die Beziehung / der Konflikt / das Gefühl …, dies wird verdeutlicht / hervorgehoben durch …* (sprachliche Mittel, Gestaltungsmerkmale)
- *Die Figur verhält sich / beschreibt …* (Adjektive, die das Verhalten abstrakt bewerten)
- *Der Versuch … scheitert an ….* (Abstraktum)

2.4 Die Textzusammenfassung planen und schreiben

> **IM FOKUS: Die strukturierte Zusammenfassung**
>
> Eine strukturierte Zusammenfassung dient dazu, dass sich jemand, der den Ausgangstext nicht kennt, **inhaltlich orientieren** und die **Zusammenhänge verstehen** kann. Sie gibt den Inhalt der Geschichte prägnant wieder und bildet die **Struktur des Ausgangstextes** ab. Daher muss auch auf den Aufbau der Erzählung eingegangen werden, z. B. den unmittelbaren Einstieg, den oder die Wende- und Höhepunkte und auf den offenen Schluss. Der Text darf aber nicht nacherzählt werden, sondern muss mithilfe abstrahierender und verdichtender Formulierungen sachlich wiedergegeben werden (z. B. mit Oberbegriffen, Proformen und Konnektoren). Entscheidend ist weniger der Ablauf der Ereignisse als der **Zusammenhang der Handlungselemente**.
>
> Beachte: Eine Zusammenfassung enthält keine direkte Rede und keine wörtlichen Zitate! Tempus ist das Präsens, bei Vorzeitigkeit in der Regel das Perfekt!

1. Ordne den markierten Verben und Ausdrücken aus dem Anfang der Zusammenfassung von „Fünfzehn" eine oder mehrere Funktion(en) zu:

   <u>Der Text beginnt ohne eine Einleitung damit</u>, dass der Erzähler sehr anschaulich den Kleidungsstil der Jugendlichen <u>beschreibt</u>, der ihn verblüfft, <u>denn</u> kein Kleidungsstück scheint richtig zu passen.

   Benennung des Sprechakts des Erzählers: _____

   Darstellung von Zusammenhängen: _____

   Darstellung des Textaufbaus: _____

2. Fasse die beiden Textauszüge mithilfe abstrahierender und verdichtender Formulierungen zusammen und erkläre dadurch die zwei Handlungsmotive der Tochter. Verwende dazu Formulierungen aus dem Wortspeicher.

   Textauszug 1:
   Sie ist fünfzehn Jahre alt und gibt nichts auf die Meinung uralter Leute – das sind alle Leute über dreißig. Könnte einer von ihnen sie verstehen, selbst wenn er sich bemühen würde? Ich bin über dreißig. (Z. 15–19)

   Textauszug 2:
   Sie will sich nicht den Nichtigkeiten des Lebens ausliefern. Sie fürchtet die Einengung des Blicks, des Geistes. Sie fürchtet die Abstumpfung der Seele durch Wiederholung! Außerdem wägt sie die Tätigkeiten gegeneinander ab nach dem Maß an Unlustgefühlen, das mit ihnen verbunden sein könnte, und betrachtet es als Ausdruck persönlicher Freiheit, die unlustintensiveren zu ignorieren. (Z. 43–51)

   Wortspeicher: glaubt zu wissen – Beweggründe – sich selbst verwirklichen – frei sein – Prioritäten setzen – Lebensgefühl – von der älteren Generation distanzieren – absetzen – Schlamperei – tolerant – banale Tätigkeiten im Alltag

3. Ergänze die folgenden Sätze, indem du zutreffende Abstrakta wählst.

Zu den Zeilen 58-70: Um der Schlamperei seiner Tochter entgegenzuwirken,

☐ wendet der Vater einen miesen Trick an. ☐ greift der Vater zu einer List.

☐ stellt der Vater der Tochter eine Falle. ☐ wagt der Vater einen direkten Vorstoß.

Der Gedanke scheitert an der _____ der Tochter.

☐ Kreativität ☐ Selbstverwirklichung

☐ Dummheit ☐ Sturheit

4. Ordne die Oberbegriffe aus dem Schreibplan einer passenden Formulierung des Zieltextes zu, indem du Passendes durch Striche verbindest.

Oberbegriffe	Formulierung im Zieltext
Erzähler	Während er Mode und Lautstärke humorvoll toleriert und gegen ihre Lektüre nichts einzuwenden hat, findet er die Unordnung in ihrem Zimmer untragbar.
Kleidungsstil und Äußeres der Tochter	Der gut gemeinte Vorstoß des Vaters bleibt damit erfolglos.
ihre Art, Musik zu hören	Er glaubt die Beweggründe für ihre Schlamperei zu kennen – sie will sich von der älteren Generation absetzen und sich selbst verwirklichen.
Unordnung im Zimmer	Der Ich-Erzähler ist ein Vater, der teils irritiert und teils amüsiert das für ihn ungewöhnliche Verhalten seiner 15-jährigen Tochter darstellt.
Einstellungen und Lebensgefühl	Auch die Musik, die sie hört, erscheint ihm unpassend und zu laut.
Versuch des Vaters, das Verhalten der Tochter zu ändern	Der Text beginnt damit, dass der Erzähler sehr anschaulich den Kleidungsstil der Jugendlichen beschreibt, der ihn verblüfft, denn kein Kleidungsstück scheint richtig zu passen.
Misslingen des Versuchs	Hier nimmt die Geschichte eine Wendung, denn der Ich-Erzähler, der vorher hauptsächlich Beobachter war, wird nun selbst aktiv.

Zusammenfassung

5. Bearbeite die strukturierte Zusammenfassung.
   a) Markiere Angaben im Text zum Aufbau der Geschichte.
   b) Ergänze die Zusammenfassung.

Der Ich-Erzähler ist ein Vater, der teils irritiert und teils amüsiert das für ihn ungewöhnliche Verhalten seiner 15-jährigen Tochter darstellt. Der Text beginnt damit, dass der Erzähler sehr anschaulich den Kleidungsstil der Jugendlichen beschreibt, der ihn verblüfft, denn kein Kleidungsstück scheint richtig zu passen. Auch die Musik, _____

_____

_____ .

Während er Mode und Lautstärke humorvoll toleriert und gegen ihre Lektüre nichts einzuwenden hat, findet er die Unordnung in ihrem Zimmer unzumutbar. _____

_____

_____

_____

Hier nimmt die Geschichte eine Wendung, denn der Ich-Erzähler, der vorher hauptsächlich Beobachter war, wird nun selbst aktiv. _____

_____

_____

_____

Doch seine Strategie scheitert an der anarchischen Kreativität seiner Tochter. Die Geschichte endet _____

_____

_____

_____

Der gut gemeinte Vorstoß des Vaters bleibt damit erfolglos.

2.5 Die Textzusammenfassung überarbeiten

FORMULIERE!

Mit den folgenden Formulierungen kannst du eine Erzählung zusammenfassen:

Beschreiben des Textaufbaus:
- Der Text beginnt mit/ Die Handlung setzt ein mit ...
- Zu Beginn scheint ...
- Die Stelle ... markiert einen Wendepunkt/ Höhepunkt.
- Die Geschichte endet mit/ schließt, indem ...
- Am Ende zeigt sich ...

Benennen von Sprechakten:
- beschreiben, erzählen, darstellen, benennen, definieren
- begründen, erklären, erläutern, verdeutlichen, zeigen, beweisen, belegen
- einleiten, beginnen mit, schließen mit
- feststellen, andeuten, (beispielhaft) aufzeigen, zeigen, hinweisen
- unterstreichen, zugestehen, einschränken, hervorheben, den Fokus legen auf
- anführen, erwähnen, aufzählen, überleiten

Herstellen von Zusammenhängen durch Konnektoren:
- weil, da, daher, deshalb (kausal)
- sodass, dass, aufgrund dessen, folglich, also (konsekutiv)
- damit, um ... zu, zu diesem Zweck, um dies zu erreichen (final)
- obwohl, zwar (konzessiv)

Deuten von Textinhalten:
- Der Grund für die Handlungsweise der Figur liegt darin, dass ...
- Das Handlungsmotiv der Figur ist ...
- Die Lösung des Konflikts ergibt sich aus ...
- Dabei macht der Text deutlich, dass ...
- Daher kann man schließen / lässt sich vermuten, dass ...
- Betrachtet man ..., lässt sich schließen, dass ...
- Von besonderer Bedeutung ist ...

Distanziere dich vom Ausgangstext und formuliere mit eigenen Worten.

Verwende dabei z. B. Oberbegriffe, Synonyme, bedeutungsidentische Fremdwörter oder Umschreibungen (z. B. Verneinung des Gegenteils) oder formuliere einen Passiv- statt eines Aktivsatzes.

Namen, Fachbegriffe, Berufsbezeichnungen, Verwandtschaftsbezeichnungen können in der Regel übernommen werden.

1. Fasse den Textauszug zusammen, indem du die in der rechten Spalte vorgeschlagenen Formulierungshilfen verwendest.

Dazwischen liegen Haarklemmen, Taschenspiegel, Knautschlackederreste, Schnellhefter, Apfelstiele, ein Plastikbeutel mit der Aufschrift „Der Duft der großen weiten Welt", angelesene und übereinandergestülpte Bücher (Hesse, Karl May, Hölderlin), Jeans mit in sich gekehrten Hosenbeinen, halb- und dreiviertel gewendete Pullover, Strumpfhosen, Nylon und benutzte Taschentücher. (Die Ausläufer dieser Hügellandschaft erstecken bis ins Bad und in die Küche.) Ich weiß: Sie will sich nicht den Nichtigkeiten des Lebens ausliefern. Sie fürchtet die Einengung des Blicks, des Geistes. Sie fürchtet die Abstumpfung der Seele durch Wiederholung.

Hilfe 1: Finde Oberbegriffe.

Hilfe 2: Finde eine sachliche Formulierung für die Metapher „Hügellandschaft".

Hilfe 3: Nenne die Handlungsmotive.

2. Der folgende Auszug aus einer Zusammenfassung ist nicht gelungen, da er Formulierungen einer Nacherzählung enthält.

> Der Tochter graut fürchterlich vor Spinnen. Deshalb sagt der Vater ihr, dass unter ihrem Bett Spinnennester seien. Daraufhin reißt sie erschrocken die Augen auf und stößt viele verschiedene Laute des Ekels aus. Sie fragt auch noch, wie die Spinnen auf die Idee kommen, ihre Nester gerade unter ihrem Bett zu bauen. Der Vater antwortet nur lakonisch, dass sie da ungestört seien.

   a) Markiere diese nacherzählenden Formulierungen.
   b) Schreibe den Auszug so um, dass eine strukturierte Zusammenfassung entsteht.
   c) Unterstreiche in deinem Text Formulierungen, die ==strukturieren und abstrahieren==, und solche, die die Handlungszusammenhänge verdeutlichen.

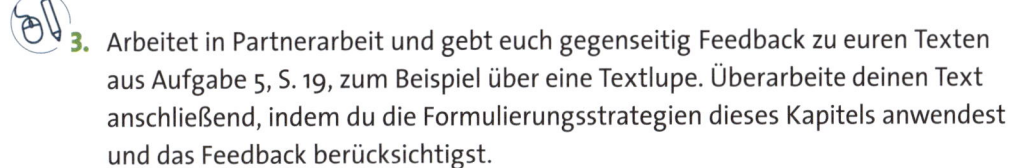

3. Arbeitet in Partnerarbeit und gebt euch gegenseitig Feedback zu euren Texten aus Aufgabe 5, S. 19, zum Beispiel über eine Textlupe. Überarbeite deinen Text anschließend, indem du die Formulierungsstrategien dieses Kapitels anwendest und das Feedback berücksichtigst.

2.6 Selbstständig eine strukturierte Zusammenfassung formulieren

Text 3 **Jenny Erpenbeck: *Kairos*[1]**

Der folgende Text ist ein Auszug aus dem gleichnamigen Roman von Jenny Erpenbeck (2021). Es geht darin um die Liebe zwischen der zu Beginn 19-jährigen Katharina und dem 34 Jahre älteren Hans vor dem Hintergrund der untergehenden DDR.

An diesem Freitag im Juli dachte sie: Wenn der jetzt noch kommt, bin ich fort.
An diesem Freitag im Juli arbeitete er an zwei Zeilen den ganzen Tag. Das Brot ist saurer verdient, als einer sich vorstellen kann, dachte er.
Sie dachte: Dann soll er zusehen.
5 Er dachte: Und heut wird's nicht mehr besser.
Sie: Vielleicht ist die Schallplatte schon da.
Er: Bei den Ungarn soll es den Lukács[2] geben.
Sie nahm Handtasche und Jacke und ging hinaus auf die Straße.
Er griff sein Jackett und die Zigaretten.
10 Sie überquerte die Brücke.
Er ging die Friedrichstraße hinauf.
Und sie, weil der Bus noch nicht in Sicht war, auf einen Sprung nur ins Antiquariat.
Er passierte die Französische Straße.
15 Sie kaufte ein Buch. Und der Preis für das Buch war 12 Mark.
Und als der Bus hielt, stieg er ein.

---

[1] Kairos: in der griechischen Mythologie der Gott der günstigen Gelegenheit; außerdem ein religiös-philosophischer Begriff für den richtigen Zeitpunkt einer Entscheidung, der nicht ungenutzt bleiben soll.

[2] Lukács: Georg Lukács (1885-1971), ungarischer Philosoph, Literaturwissenschaftler und -kritiker. Hans sucht nach einem Buch von Lukács, der in der DDR schwer erhältlich ist. Daher reagiert er sofort auf das Gerücht, „der Lukács" sei im Ungarischen Kulturzentrum zu haben.

Das Geld hatte sie passend.
Und als der Bus eben die Türen schloss, kam sie aus dem Laden.
Und als sie den Bus noch warten sah, begann sie zu laufen.
Und der Busfahrer öffnete für sie, ausnahmsweise, noch einmal die hintere Tür.
Und sie stieg ein.

Auf Höhe des Operncafés verfinsterte sich der Himmel, beim Kronprinzenpalais brach das Gewitter los, ein Regenschauer wehte die Passagiere an, als der Bus am Marx-Engels-Platz hielt und die Türen auftat. Etliche Menschen drängten herein, um sich ins Trockne zu retten. Und so wurde sie, die zunächst dem Eingang stand, zur Mitte geschoben.
Die Türen schlossen sich wieder, der Bus fuhr an, sie suchte nach einem Haltegriff.
Und da sah sie ihn.
Und er sah sie.
Draußen ging eine wahre Sintflut hernieder, drinnen dampfte es von feuchten Kleidern der Zugestiegenen.
Nun hielt der Bus am Alex. Die Haltestelle aber war unter der S-Bahn-Brücke.

Nach dem Aussteigen blieb sie unter der Brücke stehen, um auf das Ende des Regens zu warten.
Und auch alle anderen, die ausgestiegen waren, blieben unter der Brücke stehen, um auf das Ende des Regens zu warten.
Und auch er war ausgestiegen und blieb stehen.
Und da sah sie ihn ein zweites Mal an.
Und er sah sie an.
Und weil sich durch den Regen die Luft abgekühlt hatte, zog sie nun ihre Jacke über.
Sie sah ihn lächeln, und lächelte auch.
Aber dann verstand sie, dass sie ihre Jacke über den Riemen ihrer Handtasche gezogen hatte. Da schämte sie sich vor seinem Lächeln. Sie ordnete alles richtig an und wartete weiter.
Dann hörte der Regen auf.
Bevor sie unter der Brücke hervortrat und losging, sah sie ihn ein drittes Mal an. Er erwiderte ihren Blick und setzte sich in die gleiche Richtung wie sie in Bewegung.
Nach wenigen Schritten blieb sie mit ihrem Absatz im Pflaster stecken, da verlangsamte auch er seinen Schritt. Es gelang ihr, den Schuh schnell herauszuziehen und weiterzugehen. Und er nahm das Tempo, in dem sie ging, sogleich wieder auf.
Nun lächelten beide im Gehen, den Blick zu Boden gerichtet.
So gingen sie – treppab, durch den langen Tunnel, dann wieder aufwärts, auf die andere Seite der Straße.

Das Ungarische Kulturzentrum schloss um 18 Uhr, und es war fünf Minuten über der Zeit.
Sie wendete sich zu ihm und sagte: Es ist schon geschlossen.
Und er antwortete ihr: Trinken wir einen Kaffee?
Und sie sagte: Ja.
Das war alles. Alles war so gekommen, wie es hatte kommen müssen.
An diesem 11. Juli im Jahr 86.

Schreibaufgabe

Interpretiere den Auszug aus dem Roman „Kairos" von Jenny Erpenbeck:
Fasse den Text zunächst strukturiert zusammen. Untersuche im Anschluss die Parallelführung der Handlung, die zum Zusammentreffen des späteren Liebespaares führt. Gehe dabei auf die erzählerische und sprachliche Gestaltung ein. Begründe abschließend, ob die beiden Liebenden zufällig oder schicksalhaft zueinander finden.

Startpunkt: Friedrichstraße
Französische Straße
Marx-Engels-Platz (heute Schlossplatz)
Zielpunkt: Alexanderplatz

Zusammenfassung

Aufgaben zum Planen der strukturierten Zusammenfassung

1. Erschließe die Schreibaufgabe, indem du die Schlüsselwörter markierst. Unterstreiche, welche Elemente der Aufgabe Hinweise zu einer möglichen Deutung der Geschichte geben.

2. Teile den Text in Sinnabschnitte ein. Ordne die Zeilenangaben den jeweiligen Abschnittsüberschriften mit Pfeilen zu und ergänze die fehlenden Angaben.

   Z. 1 - … _____   … Kontaktaufnahme: Verabredung zum Kaffeetrinken

   Z. … _____   Beschluss, ins Ungarische Kulturzentrum zu fahren

   Z. … _____   … Kontaktaufnahme: gemeinsamer Gang durch den Tunnel

   Z. … _____   … Kontaktaufnahme: Lächeln

   Z. …. _____   1. Kontaktaufnahme: Blick

3. Verwende die folgenden Stichpunkte, um den Aufbau des Textes bis zur ersten Kontaktaufnahme zusammenhängend darzustellen.

   Beginn der Geschichte – Katharina – bestellte Schallplatte – Ungarisches Kulturzentrum

   Parallel – Hans – Buch

   Wendepunkt – Zufall – Kontaktaufnahme – schrittweise Steigerung

4. Beschreibe die sprachliche Gestaltung in den Zeilen 1 – 11. Begründe, warum durch die verwendeten Stilmittel (▶ Im Fokus, S. 30) der Eindruck des parallelen Handelns von Hans und Katharina verstärkt wird.

   Anapher – Wiederholung – Parallelismus – Antithese – Chiasmus

5. Eine Verkettung von Zufällen oder absichtsvolles Handeln? Erkläre, wie Katharina und Hans zusammenfinden.

Aufgaben zum Schreiben der strukturierten Zusammenfassung

Zusammentreffen – Zufall – Schicksal – Gelegenheit – Liebe – Hans – Katharina – Ostberlin – absichtsvolles Handeln

1. Formuliere eine Einleitung mit Deutungshypothese für die Geschichte. Verwende dabei passende Formulierungen aus dem Wortspeicher.

2. Überarbeite den folgenden Fehlertext, sodass eine strukturierte Zusammenfassung entsteht. Orientiere dich dabei an den Randbemerkungen und finde selbstständig weitere Stellen, die überarbeitet werden müssen. Nimm dazu die untenstehende Checkliste zu Hilfe. Schreibe die Lösung ins Heft oder am PC.

Fehlertext

In diesem Romanauszug treffen sich <u>Hans und Katharina</u> zum ersten Mal. Katharina beschließt nach einem missglückten Treffen mit einem Mann, eine Schallplatte im ungarischen Kulturzentrum abzuholen, während Hans dort nach einem Buch Ausschau halten will, das er schon lange gesucht hat. Er <u>steigt in einen Bus ein, sie nimmt den gleichen Bus</u>, weil sie noch in einem Antiquariat Station gemacht hat. Im Bus wird sie zur Mitte geschoben und sie sehen sich zum ersten Mal an. Als sie den Bus verlassen, müssen sie sich unter einer S-Bahn-Brücke unterstellen. Dort lächeln sie sich an, weil Katharina versehentlich die Jacke über ihre Handtasche gezogen hat. <u>Danach</u> gehen sie, ohne zu sprechen, nebeneinander her zum Ungarischen Kulturzentrum. <u>Katharina bleibt zwischendurch mit ihrem Absatz im Pflaster stecken, aber sie kann trotzdem das Tempo von Hans halten</u>. Als sie ankommen, hat das Kulturzentrum schon geschlossen und endlich spricht Katharina ihren Hans an. Er fragt sie, ob sie einen Kaffee trinken will und sie verabreden sich sofort. Nun beginnt ihre Liebesbeziehung.

Randbemerkungen

Kommentar [c1]: Wer sind Hans und Katharina? .

Kommentar [c2]: Tilge die sprachliche Wiederholung. Beginne so: „Nacheinander …"

Kommentar [c3]: Ersetze die nacherzählenden Elemente durch abstrahierende Formulierungen.

Checkliste	trifft zu	trifft zum Teil zu	trifft nicht zu	Zeile … Verbesserungsvorschläge
Die Handlung wird sachlich richtig wiedergegeben.				
Die Handlungsschritte sind folgerichtig dargestellt.				
Die Handlungsmotive der Figuren werden deutlich gemacht.				
Die logischen Zusammenhänge werden mithilfe geeigneter Formulierungen klargemacht (z. B. Verknüpfung der Sätze durch Konjunktionen, Subjunktionen und Adverbien).				
Der Aufbau des Erzähltextes wird mithilfe strukturierender Formulierungen verdeutlicht.				
Die Parallelführung der Handlung wird dargestellt.				
Es werden eigenständige und abstrahierende Formulierungen verwendet.				
Der Stil ist sachlich.				
Das Tempus (Präsens, bei Vorzeitigkeit i.d.R. Perfekt) ist korrekt.				
Textzitate werden vermieden.				
Rechtschreibung und Zeichensetzung sind korrekt.				

3 Einen Erzähltext deuten

In diesem Kapitel lernst du, wie man sprachliche und erzählerische Gestaltungsmittel eines Erzähltextes (wie Wortwahl, Satzbau, Erzählinstanz, Darstellungsweise und Zeitgestaltung) analysiert und dadurch die eigene Deutungshypothese überprüft. Außerdem erfährst du, wie man die Analyse-Ergebnisse in einem interpretierenden Zieltext formuliert und durch Textbelege stützt.

3.1 Die sprachliche Gestaltung untersuchen und schriftlich interpretieren

Schreibaufgabe

Interpretiere die Kurzgeschichte von Reiner Kunze: Fasse den Text zunächst strukturiert zusammen. Erkläre anschließend, durch welche erzählerischen und sprachlichen Gestaltungsmittel die Einstellung des Vaters zur Tochter deutlich wird.

Im Fokus: Analyse und Interpretation der sprachlichen Gestaltung

Die Aufgabe, die sprachliche Gestaltung eines Textes zu untersuchen, wird nicht dadurch gelöst, dass Stilmittel aufgezählt werden. Es geht vielmehr darum, die anfänglich aufgestellte **Deutungshypothese** zu überprüfen bzw. anhand der sprachlichen Beobachtungen zu bestätigen. Bei der Interpretation empfiehlt sich das Formulieren eines Argumentationsblocks:

1) **Behauptung** mit Bezug zur Deutungshypothese
2) **Begründung** anhand eines oder mehrerer **Gestaltungsmittel**
3) **Textbeleg**
4) **Erläuterung** der Wirkung.

Dieser argumentative Zusammenhang kann durch einen abstrahierenden **Rückbezug** zur Deutungshypothese abgerundet werden.

Wichtige gestalterische Mittel fallen entweder schon beim ersten Lesen oder erst beim genauen Untersuchen des Textes auf. Sie können einzelne Wörter, Wortgruppen oder Textabschnitte betreffen und wirken durch ihren Klang, ihre Abfolge, ihre Bildqualität oder ihre gedankliche Logik.

Im Fokus: Die Metapher

Eine Metapher ist ein bildliches Gestaltungsmittel, bei dem ein Wort oder eine Wortgruppe von einem Bedeutungszusammenhang in einen anderen übertragen wird. Metaphern dienen der Veranschaulichung, der Verstärkung oder der Erklärung. Oft enthalten sie einen (unterhaltsamen oder irritierenden) Überraschungseffekt. Metaphern kann man analysieren, indem man ihre Herkunft (die Bildquelle) aufdeckt und erklärt, worin der ursprüngliche Zusammenhang mit dem neuen Kontext vergleichbar ist (Tertium comparationis).

Beispiel: Ein Kamel kann metaphorisch als „Wüstenschiff" bezeichnet werden. Bildquelle ist in diesem Fall der Bereich „Verkehrsmittel", das Tertium comparationis die „schaukelnde Fortbewegung".

1. Den vermeintlichen Wunsch-Schal der Tochter bezeichnet der Erzähler als „eine Art Niagara-Fall aus Wolle" (Z. 8).
   Erkläre die Metapher, indem du auf die Herkunft des Bildes sowie auf seine Wirkung im Kontext eingehst.

   Bildquelle: _____

   _____
   _____
   _____

   Tertium comparationis: *Der Schal und der Niagara-Fall sind vergleichbar in*
   _____

   Wirkung: _____

   > **Im Fokus: Weitere Sprachbilder: Vergleich – Personifikation – Metonymie – Hyperbel - Neologismus**
   >
   > Weitere sprachliche Bilder sind der **Vergleich** (Verbindung der beiden Bedeutungszusammenhänge mit „wie", z. B. „der Schal ist wie ein Wasserfall"), die **Personifikation** (eine Sache, ein Begriff oder ein Tier werden als menschliches Wesen dargestellt, z. B. „die Sonne lacht") und die **Metonymie** (der eigentliche Ausdruck wird durch einen anderen ersetzt, der in engem inhaltlichem Zusammenhang damit steht, z. B. „das Leder" für „Fußball").
   >
   > Die **Hyperbel** (Übertreibung) illustriert einen Sachverhalt durch deutlich erkennbare Überspitzung und Steigerung ins Unglaubwürdige.
   >
   > Durch den **Neologismus** (Wortneubildung) wird veranschaulicht, wie ungewöhnlich ein Sachverhalt ist – er kann mit bereits vorhandenen Begriffen nicht benannt werden.

2. Finde ein sprachliches Bild (Metapher oder Vergleich), mit dem das Äußere oder das Verhalten der Fünfzehnjährigen beschrieben wird, und erkläre es.

   _____
   _____
   _____
   _____

3. „Zum Schal trägt sie Tennisschuhe, auf denen sich jeder ihrer Freunde und jede ihrer Freundinnen unterschrieben haben. Sie ist fünfzehn Jahre alt und gibt nichts auf die Meinung uralter Leute – das sind alle Leute über dreißig. Könnte einer von ihnen sie verstehen, selbst wenn er sich bemühen würde? Ich bin über dreißig." (Z. 13 ff.)
   a) Markiere in diesem Abschnitt Stellen, an denen der Erzähler übertreibt, also Hyperbeln verwendet.

b) Formuliere die Passage ohne Hyperbeln. Suche eine weitere Stelle im Text, die mit Übertreibungen arbeitet, und formuliere sie ebenfalls um.

c) Vergleiche die verschiedenen Versionen und beschreibe die Wirkung der Hyperbeln, indem du einen der beiden Satzanfänge fortsetzt:

Die Hyperbeln bewirken, dass ... / machen den literarischen Text ... [passendes Adjektiv], da ...

IM FOKUS: Ironie

Unter dem **Stilmittel** der Ironie versteht man eine Formulierung, die durch verdeckten Spott Personen oder Sachverhalte ins Lächerliche zieht oder auf Missstände aufmerksam macht.

Formen der Ironie sind z. B.

- eine Formulierung des Gegenteils des Gemeinten (Ironie im engeren Sinne)
- eine Über- oder Untertreibung
- eine Übertretung (Verwenden unangemessener Klischees und Ignorieren von Tabus)
- eine Übertragung: Unvereinbarkeit von Inhalt und Sprache (z. B. moderner Inhalt in altertümlicher Sprache mit humorvoller oder spöttischer Wirkung)

Ironie tritt häufig mit anderen Stilmitteln auf (Metapher, Neologismus, Klimax und rhetorische Frage). Oft sorgen **Ironiesignale** wie Anführungszeichen, Fettdruck, Wiederholungen, Konjunktive, Abtönungspartikeln, gehäufte Satzzeichen *(Das wäre ja furchtbar!!!)* oder Emojis dafür, dass die ironische Sprechhaltung erkannt wird.

4. Erkläre die Form der Ironie in dem folgenden Satz, indem du die richtigen Aussagen auswählst.

„Wenn sie Musik hört, vibrieren noch im übernächsten Zimmer die Türfüllungen." (Z. 20 f.)

☐ Untertreibung   ☐ Übertreibung

☐ macht auf Missstände aufmerksam   ☐ sagt das Gegenteil des Gemeinten

☐ zieht einen Sachverhalt ins Lächerliche   ☐ Sprache passt nicht zum Inhalt

5. Untersuche diesen Satz genauer: „Die Ausläufer dieser Hügellandschaft erstrecken sich bis ins Bad und in die Küche." (Z. 41 ff.)

a) Gib die verschiedenen sprachlichen Mittel an, durch die ein ironischer Ton entsteht. Setze den Satz fort.

Die Unordnung im Zimmer der Tochter wird gleichgesetzt mit ...

b) Erkläre das Zusammenwirken der Gestaltungsmittel mithilfe des Wortspeichers.

> verstärken sich gegenseitig – Kombination aus ... bewirkt – Unordnung – wirken zusammen – betonen – humorvoll

_____

_____

c) Erläutere eine weitere Textstelle deiner Wahl auf ähnliche Weise.

_____

_____

_____

6. Behauptung, Begründung, Textbeleg oder Wirkung? Ordne die folgenden Textabschnitte dem richtigen Begriff des Argumentationsblocks (▶ Im Fokus, S. 25) zu.

Auszug aus Schülertext B	Behauptung	Begründung von Gestaltungsmitteln	Textbeleg	Erläuterung der Wirkung	Rückbezug (für Schreibprofis ;-))
Der Ton der Kurzgeschichte ist humorvoll-ironisch.					
Dies zeigt sich u.a. an den zahlreichen Übertreibungen, mit denen der Erzähler das Verhalten seiner Tochter beschreibt.					
So behauptet er, in ihren Augen seien alle über Dreißigjährigen „uralt" (Z. 16) oder sie wünsche sich einen Schal, an dem „mindestens drei Großmütter zweieinhalb Jahre gestrickt haben" (Z. 6 ff.).					
Mit solchen Hyperbeln gelingt es, das Ausmaß des pubertären Verhaltens zu verdeutlichen und den Leser außerdem zum Schmunzeln zu bringen.					
So extrem das Benehmen der Tochter auch sein mag, durch die witzige Darstellung wird das Potenzial an Ärger oder Streit, das die Ansichten der Tochter mit sich bringen könnten, abgemildert oder zurückgenommen.					

7. Formuliere den Textauszug oben um, indem du andere Textbelege verwendest und dafür einige Stellen entsprechend anpasst.

Als Belege kannst du verwenden: laute Musik als „Überschallverdrängung unangenehmer logischer Schlüsse" (Z. 24 f.) und „Hügellandschaft" (Z. 42).

Beginne so: *Der Ton der Kurzgeschichte ist humorvoll-ironisch. Dies zeigt sich u.a. an ...*

8. Ergänze den folgenden Argumentationsblock, in dem die Verwendung von Metaphern in der Kurzgeschichte erläutert wird.

Die Sprache der Kurzgeschichte verfügt über eine ausgeprägte Bildlichkeit. Mit vielen Metaphern veranschaulicht der Erzähler das Verhalten der Tochter. Ihren vermeintlichen Wunsch-Schal...

Diese Metapher dient dazu, _____

Anders verhält es sich mit der lauten Musik als „Überschallverdrängung unangenehmer logischer Schlüsse" (Z. 24 f.).

3.2 Mehrere sprachliche Gestaltungsmittel im Zusammenhang deuten

Schreibaufgabe

Interpretiere den Auszug aus dem Roman „Kairos" von Jenny Erpenbeck: Fasse den Text zunächst strukturiert zusammen. Untersuche im Anschluss die Parallelführung der Handlung, die zum Zusammentreffen des späteren Liebespaares führt. Gehe dabei auf die erzählerische und sprachliche Gestaltung ein. Begründe abschließend, ob die beiden Liebenden zufällig oder schicksalhaft zueinander finden.

1. Markiere im ersten Abschnitt des Textes (Z. 1–19) alle Wiederholungen. Erkläre, welche Wirkung durch den parallelen Aufbau der Sätze entsteht.

_____

_____

_____

_____

> **Im Fokus:** Satz- und Wortfiguren: Anapher – Epipher – Parallelismus – Chiasmus – Repetitio – Enumeratio – Antithese
>
> Satz- und Wortfiguren dienen dazu, die sprachliche und inhaltliche Kohärenz herzustellen oder zu bekräftigen. Dabei wird entweder die Ähnlichkeit der Aussagen oder deren Gegensätzlichkeit betont. Darüber hinaus werden vom Kontext abhängige inhaltsbezogene Wirkungen erzielt.
>
> **Satzfiguren:**
> - **Anapher** (mehrere aufeinander folgende Sätze beginnen mit dem gleichen Wort oder der gleichen Wortgruppe): *Sie trägt einen kurzen Rock. Sie trägt Turnschuhe. Sie trägt einen viel zu langen Schal.*
> - **Epipher** (mehrere aufeinander folgende Sätze enden mit dem gleichen Wort oder der gleichen Wortgruppe): *Ihr Schal ist **geschmacklos**. Ihr Rock ist **geschmacklos**. Und auch ihre Schuhe sind **geschmacklos**.*
> - **Parallelismus** (mehrere aufeinander folgende Sätze sind gleich aufgebaut): *Ihr zu kurzer Rock ist modern, ihr zu langer Schal ist ungewöhnlich, ihre zu bunten Turnschuhe sind auffällig.* (Abfolge: Subjekt, Prädikat und Ergänzung)
>
> **Wortfiguren:**
> - **Repetitio** (Wiederholung): *Ihr Rock ist **auffällig**, ihre Turnschuhe sind **auffällig** und **auffällig** ist auch ihr Schal.*
> - **Enumeratio** (Aufzählung): ***Ihre Turnschuhe, ihr Schal und ihr Rock** fallen auf.*
>
> **Wort-/Satzfiguren:**
> Ein Chiasmus, eine Klimax und eine Antithese können auf Satzebene erfolgen oder nur einzelne Wörter betreffen, wobei die Antithese – mehr noch als die Abfolge – logische Verhältnisse aufzeigt.
>
> **Chiasmus** (Überkreuzstellung von Elementen): *Ihr Rock ist **auffällig**. **Ungewöhnlich** ist auch ihr Schal.*
>
> **Klimax** (steigernde Aneinanderreihung von Wörtern, Wortgruppen oder Sätzen): *Ihr langer Schal ist **ungewöhnlich**, ihre bunten Turnschuhe **fallen sofort auf**, ihr Rock **schockiert** durch seine Kürze.*
>
> **Antithese** (Gegensatz von Aussagen, Formulierungen oder einzelnen Begriffen): *Während die **Tochter** ihr Outfit selbstbewusst trägt, empfindet ihr **Vater** es als unpassend und provozierend.*

2. Beschreibe die sprachliche Gestaltung in den Zeilen 1-11.

a) Begründe, warum durch die verwendeten Stilmittel der Eindruck des parallelen Handelns von Hans und Katharina verstärkt wird. Verwende dazu passende Fachbegriffe (▸ **Im Fokus**, Satz- und Wortfiguren, S. 30).

_____

_____

_____

_____

_____

b) Begründe, warum durch den Pronomengebrauch der Eindruck des parallelen Handelns von Hans und Katharina verstärkt wird. Setze den Satz fort:

Auch der regelmäßige Wechsel zwischen den Personalpronomen „sie" und „er" hat die Wirkung, …

_____

_____

3. Markiere in dem folgenden Argumentationsblock Wörter / Wortgruppen, die den Bezug zur Deutungshypothese herstellen.

Auszug aus Schülertext B:

In dem Auszug aus dem Roman werden parallel zueinander die Wege von Katharina und Hans beschrieben, bis beide aufeinandertreffen. Auffällig ist die Verwendung von Wiederholungen. So werden die meist eher kurz gehaltenen Sätze häufig durch die Konjunktion „und" (z. B. Z. 18 ff.) und das temporale Adverb „dann" (Z. 44) verbunden. Dadurch entsteht der Eindruck, dass sich ein Handlungsschritt zwangsläufig und logisch aus dem vorherigen ergibt.

Deutungshypothese aus Kapitel 2:

In dem Auszug aus dem Roman „Kairos" von Jenny Erpenbeck wird dargestellt, wie Hans und Katharina, das spätere Liebespaar, durch eine Verkettung mehrerer Zufälle sowie durch eine gezielte Kontaktaufnahme zum ersten Mal zusammentreffen. Die beiden ergreifen die sich bietende Gelegenheit für eine Liebesbeziehung, die für beide schicksalhaft sein wird.

FORMULIERE!

So argumentierst du beim Interpretieren planvoll und schlüssig

Ein interpretierender Zieltext ist eine argumentierende Textsorte: Du stellst Behauptungen zu Gestaltungsmitteln auf, mit denen du die Deutungshypothese stützt, belegst sie mit passenden Textstellen / Zitaten und erläuterst deren Wirkung. Gegebenenfalls rundest du deine Argumentation mit einem Rückbezug zur Deutungshypothese ab.

Diese Formulierungen können dir dabei helfen.

Aufstellen einer **Behauptung** / Formulieren einer **These** oder **Position**:
- *Der Grundton des Textes ist ... sachlich, neutral, ironisch, emotional, engagiert, wertend, spannungsgeladen ...*
- *Auffällig ist die Verwendung von (Gestaltungsmittel), die die Deutung nahelegen, dass ...*
- *In diesem Abschnitt liegt ... vor / erscheint / zeigt sich ...*
- *Durch ... (Gestaltungsmittel) entsteht der Eindruck, dass ...*
- *Die Kombination aus ... (Gestaltungsmittel, z. B. Metapher und Hyperbel) bewirkt eine Veränderung in der Wahrnehmung des Lesers*
- *Das Personalpronomen / Der Wechsel des Pronomens hat den Effekt, dass ...*
- *Verstärkt wird dieser Eindruck durch ...*
- *Das Erzähltempo erhöht sich durch ...*
- *Der (monotone, gleichmäßige ...) Rhythmus wird unterbrochen / bekräftigt durch ...*

Formulieren von **Begründungen**:
- *So erscheint / wirkt / zeigt sich ...*
- *Daher ist ... erkennbar ...*
- *Dies wird verdeutlicht durch (Gestaltungsmittel) ...*
- *Im Bereich der Wortwahl / der Bildlichkeit / des Satzbaus unterstreichen vor allem die ... und die ...*

- *Besonders (Gestaltungsmittel) stützt die Deutung, denn ...*
- *Durch (Gestaltungsmittel / Erzählstrategie) wird das Gefühlsleben einer Figur erfahrbar / wird die Distanz zur Figur reduziert, sodass ...*

Integrieren von **Textbelegen**:
- *Die Aussage ... zeigt deutlich, dass ...*
- *Ein Beispiel für ... findet sich in den Zeilen ...*
- *Die Figur wird zunächst beschrieben als ... , später allerdings ...*
- *Der Aufbau wird beispielsweise unterstützt durch ...*

Formulieren von **Schlussfolgerungen** und **Rückbezügen** zur These:
- *Folglich ... / Dies hat zur Folge, dass ...*
- *Aus dieser sprachlichen Gestaltung ergibt sich ...*
- *Also / Auf diese Weise entsteht auch hier der Eindruck, ...*
- *Diese Technik ermöglicht ...*
- *Hier zeigt sich erneut ...*
- *Die Sprachphänomene ... und ... wirken zusammen / verstärken sich gegenseitig, sodass ...*
- *Durch (Gestaltungsmittel 1) und (Gestaltungsmittel 2) wird deutlich / hervorgehoben / betont, dass ...*
- *Die Kombination aus (Gestaltungsmittel) und (Gestaltungsmittel) bewirkt beim Lesen eine Veränderung in der Wahrnehmung ...*

4. Interpretiere die sprachliche Gestaltung der Kurzgeschichte weiter, indem du den begonnenen Argumentationsblock zur Wirkung der Parallelismen und Anaphern fortsetzt.

> Und auch er war ausgestiegen und blieb stehen.
> Und da sah sie in ein zweites Mal an.
> Und er sah sie an.
> Und weil sich durch den Regen die Luft abgekühlt hatte, zog sie nun ihre Jacke über.
> Sie sah ihn lächeln, und lächelte auch. (Z. 38 ff.)

Die zeitgleich ablaufenden oder unmittelbar aufeinander folgenden Handlungen werden durch Parallelismen dargestellt und durch Anaphern noch verstärkt.

3.3 Die Erzählinstanz und die Darstellungsweise eines Textes untersuchen

IM FOKUS: Erzählinstanz und Darstellungsweise

Um die Wirkung eines Erzähltextes besser verstehen zu können, untersucht man anhand verschiedener Merkmale, wie erzählt wird:

Erzählinstanz
- **Erzählform:** Ich-Erzähler oder Er-/Sie-Erzähler?
- **Erzählerstandort:** Ist der Erzähler eine Figur, die a) außerhalb oder b) innerhalb der Handlung steht? Oder ist c) der Erzähler verborgen und nicht als Figur erkennbar?
- **Erzählerwissen:** Was weiß der Erzähler über die Figur(en)? Weiß er mehr als, soviel wie oder weniger als die Figur(en)? Wie zuverlässig ist sein Wissen?
- **Erzählperspektive:** Erzählt die Erzählinstanz a) aus der Außensicht oder b) aus der Innensicht einer oder mehrerer Figuren oder hat sie c) die uneingeschränkte Sicht aller Figuren?

Darstellungsweise
a) Formen des Erzählerberichts:
- Zusammenfassung und szenische Darstellung der Handlung
- Beschreibung von Figuren und Räumen
- Kommentare zu Figuren und ihrem Handeln
- Erörterungen allgemeiner Fragen

b) Formen der Figurenrede:
Zur unmittelbaren Wiedergabe von Äußerungen einer Figur mit Redebegleitsatz dienen

- direkte Rede (wörtliche Wiedergabe von Äußerungen in Anführungszeichen): *Er fragte: „Trinken wir einen Kaffee?"*

- indirekte Rede (annähernd wörtliche Wiedergabe von Äußerungen meist im Konjunktiv und immer ohne Anführungszeichen): *Er fragte, ob sie einen Kaffee trinken sollten.*

(In manchen Erzähltexten wird auf Redebegleitsätze und Anführungszeichen verzichtet.)

Zur unmittelbaren Wiedergabe von Gedanken und Gefühlen einer Figur ohne Redebegleitsatz dienen

- innerer Monolog (meist in der 1. Person und im Präsens): *Ich lade sie zu einem Kaffee ein!*

- erlebte Rede (meist in der 3. Person und in einem Vergangenheitstempus): *Und wenn er sie zu einem Kaffee einlud?*

1. Formuliere einen ersten Leseeindruck zum Romanauszug aus „Kairos". Welche Begriffe treffen zu?

- ☐ nüchtern
- ☐ spannungsgeladen
- ☐ emotional
- ☐ rasant
- ☐ gemächlich
- ☐ ironisch
- ☐ witzig
- ☐ kühl

2. Bestimme die Erzählform und die Erzählperspektive anhand geeigneter Textstellen in den Zeilen 1–3 und 63/64.

_____

_____

_____

3. Notiere weitere Textstellen, die belegen, dass der Erzähler eine uneingeschränkte Innensicht der Figuren hat.

_____ z.B. Z. ... Aber dann verstand sie, dass sie ... _____

_____

_____

4. Wähle die richtigen Antworten aus.

Die Erzählinstanz unterstützt die Parallelführung der Handlung,

- ☐ indem der Erzähler passende Stilmittel verwendet.
- ☐ indem sie die uneingeschränkte Innensicht der Figuren hat und deshalb weiß, was in den Figuren vorgeht.
- ☐ indem der Erzähler außerhalb der Handlung steht und den Weg der Protagonisten „von oben" überblicken kann.
- ☐ weil der Text in direkter Rede wiedergegeben werden kann.

5. Setze die Sätze unter den Textauszügen fort.

Bevor sie unter der Brücke hervortrat und losging, sah sie ihn ein drittes Mal an. Er erwiderte ihren Blick und setzte sich in die gleiche Richtung wie sie in Bewegung. Nach wenigen Schritten blieb sie mit ihrem Absatz im Pflaster stecken, da verlangsamte auch er seinen Schritt. Es gelang ihr, den Schuh schnell herauszuziehen und weiterzugehen. Und er nahm das Tempo, in dem sie ging, sogleich wieder auf. Nun lächelten beide im Gehen, den Blick zu Boden gerichtet. So gingen sie - treppab, durch den langen Tunnel, dann wieder aufwärts, auf die andere Seite der Straße. (Z. 48–57)

Durch den Erzählerbericht in der Passage von Z. 48–57 wird gestalterisch verdeutlicht …

_____

_____

_____

Sie wendete sich zu ihm um und sagte: Es ist schon geschlossen. Und er antwortete ihr: Trinken wir einen Kaffee. Und sie sagte: Ja. **(Z. 60–62)**

Im Abschnitt von Z. 60–62 liegt Figurenrede vor. Dadurch entsteht die Wirkung, dass …

_____

_____

_____

6. Erschließe die Wirkung der Figurenrede. Kreuze die richtigen Lösungen an.

Der Wechsel zwischen Erzählerbericht und Figurenrede ermöglicht

☐ die gleichzeitige Vermittlung von Innen- und Außensicht, also eine subjektive und eine objektive Perspektive auf das Geschehen.

☐ eine Abwechslung, die den Text unterhaltsamer macht und die Spannung erhöht.

☐ den Wegfall von Redebegleitsätzen, weil diese unnötig sind.

☐ die Hervorhebung von entscheidenden Aussagen durch direkte Rede.

7. Setze den Argumentationsblock fort. Nutze dazu deine Ergebnisse aus den Aufgaben 5 und 6.

BEHAUPTUNG Im letzten Abschnitt des Textes (Z. 58–64) liegt _____ vor, **BEGRÜNDUNG** denn so entsteht ein Kontrast zum Erzählerbericht in den vorhergehenden Passagen.

_____

_____

_____

_____

Deutung

3.4 Die Zeitgestaltung eines Erzähltextes untersuchen

Im Fokus: Die Zeitgestaltung einer Erzählung

In Erzähltexten unterscheidet man verschiedene Möglichkeiten der Zeitgestaltung. Beschrieben wird dabei z. B. das Verhältnis der Erzählzeit (also der Zeit, die der Erzähler braucht, um die Geschichte darzustellen) und der erzählten Zeit (der Zeit, die in der Geschichte vergeht).

Begriff	Erklärung	Wirkung
Zeitraffung	Erzählzeit < erzählte Zeit	Beschleunigung der Handlung durch zusammenfassende Darstellung wichtiger Ereignisse
Zeitdeckung	Erzählzeit =/≈ erzählte Zeit	realitätsnahe Darstellung der Handlung
Zeitdehnung	Erzählzeit > erzählte Zeit	Verlangsamung, intensivere Wahrnehmung der Handlung (Zeitlupeneffekt)
Zeitsprung	Ein Zeitabschnitt der Handlung wird übersprungen (z. B. *Zwei Jahre später …*).	Beschleunigung der Handlung durch Weglassen unwichtiger Ereignisse
Zeitpause	Die erzählte Zeit bleibt stehen: Statt einen neuen Handlungsschritt darzustellen, werden z. B. Beschreibungen oder Kommentare eingeschoben.	Unterbrechung, Präzisierung, Erklärung der Handlung

Ein weiteres Element der Zeitgestaltung ist die Reihenfolge der Handlungsschritte.

Begriff	Erklärung	Wirkung
Chronologie	Die Handlung wird in ihrer tatsächlichen zeitlichen Abfolge erzählt.	realistische und genaue Wiedergabe der Handlung
Rückblende	Darstellung eines Ereignisses, das zeitlich vor der Haupthandlung liegt (z. B. in Form einer Erinnerung oder Binnenerzählung einer Figur)	Erklärung der Handlung, Aufdecken oder Verdeutlichen von Zusammenhängen
Vorausdeutung	versteckte oder offene Hinweise auf den weiteren Fortgang der Handlung	Erhöhung der Spannung

1. Ordne die folgenden Formulierungen mithilfe des **Im Fokus** passenden Zeitgestaltungen zu.

    a) Zwei Jahre später war alles anders. _____

    b) Mehr als zwei Jahre her war es … _____

    c) Ob er in zwei Jahren auch noch so denken würde? _____

    d) Die erste Stunde verging wie im Flug. _____

    e) Schnell sprang er ins Wasser. _____

    f) Erst tauchte er unter, dann packte er den Verunglückten und danach zog er ihn ans Ufer.
    _____

2. Erkläre, welche Zeitgestaltung bei den folgenden Textstellen erkennbar ist, und berücksichtige den Kontext. Vorsicht: In manchen Fällen sind mehrere Lösungen möglich. Begründe deine Meinung stichpunktartig.

	Zeit-raffung	Zeit-deckung	Zeit-dehnung	Chrono-logie	Zeit-sprung	Zeit-pause
An diesem Freitag im Juli arbeitete er an zwei Zeilen den ganzen Tag. (Z. 2)						
Sie sah ihn lächeln und lächelte auch. (Z. 43)						
Er ging die Friedrichstraße hinauf. (Z. 11)						
Auf Höhe des Operncafés verfinsterte sich der Himmel, beim Kronprinzenpalais brach das Gewitter los […]. (Z. 22 f.)						
Nun hielt der Bus am Alex. Die Haltestelle aber war unter der S-Bahn-Brücke. (Z. 33)						

_____
_____
_____
_____

3. Streiche falsche Lösungen durch und setze den Argumentationsblock fort.

BEHAUPTUNG Der parallele Handlungsaufbau wird auch durch die Zeitgestaltung der Geschichte unterstützt, **BEGRÜNDUNG** weil durch die zeitdeckende / zeitraffende / zeitdehnende Darstellung die Gedanken und Handlungen der Figuren unmittelbar verglichen werden können. So erhält der Leser eine Wertung / einen Überblick / eine ironische Darstellung des Geschehens.

_____
_____
_____
_____

4. Erkläre die folgende Aussage aus einer Rezension des Romans, indem du sie in deinen eigenen Worten wiedergibst. Zeige, dass diese Aussage zutrifft, indem du auf die sprachlichen Gestaltungsmittel und auf die Zeitgestaltung eingehst.

„Seine Begegnung mit der jungen Katharina wird von Jenny Erpenbeck mit dramaturgisch[1] raffiniert eingesetzten Mitteln als *coup de foudre*[2] geschildert, ihre Beziehung als eine DDR-spezifische *Amour fou*[3]. Der Marx-Engels-Platz, der 57er-Bus, der plötzlich einsetzende Regen und die S-Bahn-Brücke am Alex – die Stationen ihrer ersten Begegnung entwickeln einen eigenen Sog [...]."

Helmut Böttiger, Ost-West-Beziehung, www.sueddeutsche.de, 31.08.2021

[1] dramaturgisch: den Aufbau der Handlung betreffend
[2] coup de foudre: frz. Blitzschlag; Liebe auf den ersten Blick
[3] amour fou: frz. verrückte Liebe

Beginne so: Der Spannungsaufbau, der laut dem Rezensenten Helmut Böttiger wie ein „Sog" wirkt, wird begünstigt durch ...

5. Interpretiere die Sätze: „Alles war so gekommen, wie es hatte kommen müssen." (Z. 63), indem du auf die sprachlichen und erzählerischen Gestaltungsmittel Bezug nimmst. Verwende dafür den Wortspeicher.

> Parallelismus – Wiederholung – Gegenüberstellung – Gleichheit – Beschleunigung – Verlangsamung – Spannungsaufbau – direkte Rede – Erzählerbericht

Setze fort: Das schicksalhafte Aufeinandertreffen von Hans und Katharina wird durch die sprachlichen und erzählerischen Gestaltungsmittel vorbereitet. ...

Im Fokus: Das abschließende Fazit

Die Ergebnisse aus der Untersuchung des Textes werden am Ende des interpretierenden Textes knapp in einem abschließenden Fazit formuliert. Das Fazit nimmt Bezug auf die Deutungshypothese und beantwortet gegebenenfalls die Zusatzfrage, die in der Schreibaufgabe gestellt wurde.

6. Streiche aus dem Schülertext alle Informationen, die nicht in ein Fazit gehören. Begründe deine Entscheidung stichpunktartig neben dem Text.

Fehlertext

Der Beginn des Romans „Kairos" von Jenny Erpenbeck ist eine sehr empfehlenswerte Lektüre, denn es gelingt der Autorin gut, die Kontaktaufnahme von Hans und Katharina zu beschreiben. Das Aufeinandertreffen der Protagonisten wird genauestens dramaturgisch vorbereitet und auch die sprachlich-stilistischen Gestaltungsmittel erwecken den Eindruck, dass die Liebesbeziehung der beiden schicksalhaft ist. Der Leser bekommt daraufhin Lust zu erfahren, wie es mit dem Paar weitergeht und welche Rolle der Zufall spielen wird.

7. Formuliere ein abschließendes Fazit, indem du den Fehlertext umformulierst.

3.5 Eine Deutung formulieren und überarbeiten

1. Formuliere den zweiten Teil der Schreibaufgabe zu „Kairos" (vgl. S. 29) – die Deutung – mithilfe deiner Teiltexte aus den Übungen vollständig aus. Nimm den Schreibplan (ab Punkt 3) zu Hilfe.

   Schreibplan
   1. *Einleitung mit Deutungshypothese*
   2. *Strukturierte Zusammenfassung*
   3. *Die Parallelführung der Handlung*
      - *sprachliche Gestaltungsmittel: Parallelismen, Anaphern, Wechsel der Personalpronomen*
      - *Erzählinstanz und Darstellungsweise: Er-/Sie-Erzähler mit uneingeschränkter Innensicht der Figuren; Wechsel zwischen Erzählerbericht und direkter Figurenrede*
      - *Zeitgestaltung der Erzählung: Bedeutung der zeitdeckenden Erzählweise*
   4. *Fazit mit Bezug zur Deutungshypothese*

2. Überarbeite deinen Text mithilfe der Checkliste.

	Checkliste			
	trifft zu	trifft zum Teil zu	trifft nicht zu	Zeile... Verbesserungsvorschläge
Die wesentlichen sprachlichen Gestaltungsmittel wurden erkannt.				
Die beschriebenen Gestaltungsmittel werden auf die Deutungshypothese bezogen.				
Die Darstellung der Gestaltungsmittel ist argumentativ aufgebaut (Behauptung/Auffälligkeit–Beleg–Wirkung).				
Die Erzählinstanz und die Darstellungsweise werden korrekt und im Hinblick auf die Deutung des Gesamttextes beschrieben.				
Die Zeitgestaltung der Erzählung wird zutreffend und mit passenden Textbelegen beschrieben.				
Textzitate werden korrekt wiedergegeben und in die Argumentation integriert.				
Die logischen Zusammenhänge sind klar.				
Die Sätze sind z. B. mit Konjunktionen, Subjunktionen und Adverbien verknüpft.				
Der Text ist sachlich formuliert und enthält treffende fachsprachliche Ausdrücke.				
Grammatik, Rechtschreibung und Zeichensetzung sind fehlerfrei.				

4 Einen interpretierenden Text selbstständig verfassen

In diesem Kapitel kannst du testen, wie sicher du einen Erzähltext analysieren und deuten kannst. Die Aufgaben helfen dir, die Schreibaufgabe zu verstehen und deinen interpretierenden Text zu planen, zu schreiben und zu überarbeiten. Mit dem Flussdiagramm kannst du deine Arbeit abschließend kontrollieren.

4.1 Die Schreibaufgabe verstehen

Schreibaufgabe

Interpretiere die Kurzgeschichte von Gabriele Wohmann: Fasse den Text zunächst strukturiert zusammen. Untersuche im Anschluss die Erzählinstanz und die Darstellungsweise. Erkläre schließlich, mit welchen sprachlichen Gestaltungsmitteln die Haltung der Familie zu Ritas neuem Freund beschrieben wird.

1. Gib die Schreibaufgabe in eigenen Worten wieder.

   _____

   _____

2. Mach dir bewusst, wie die dritte Teilaufgabe („Erkläre…") an die ersten beiden Teilaufgaben anknüpft. Überlege, wie du die ersten beiden Teilaufgaben lösen solltest, damit du die dritte Teilaufgabe mit möglichst geringem Aufwand bearbeiten kannst.

Text 4   **Gabriele Wohmann: *Ein netter Kerl***

Gabriele Wohmann (1932 – 2015) war eine deutsche Schriftstellerin. Bekannt wurde sie vor allem durch ihre Kurzgeschichten sowie ihren Roman „Paulinchen war allein zu Haus", sie schrieb aber auch Hörspiele, Fernsehspiele und Essays.

Ich habe ja so wahnsinnig gelacht, rief Nanni in einer Atempause. Genau wie du ihn beschrieben hast, entsetzlich.
Furchtbar fett für sein Alter, sagte die Mutter. Er
5 sollte vielleicht Diät essen. Übrigens, Rita, weißt du, ob er ganz gesund ist?
Rita setzte sich gerade und hielt sich mit den Händen am Sitz fest. Sie sagte: Ach, ich glaub schon, dass er gesund ist. Genau wie du es erzählt hast,
10 weich wie ein Molch, wie Schlamm, rief Nanni. Und auch die Hand, so weich.
Aber er hat dann doch auch wieder was Liebes, sagte Milene, doch, Rita, ich finde, er hat was Liebes, wirklich.
15 Na ja, sagte die Mutter, beschämt fing auch sie wieder an zu lachen; recht lieb, aber doch grässlich komisch. Du hast nicht zu viel versprochen, Rita, wahrhaftig nicht. Jetzt lachte sie laut heraus. Auch hinten im Nacken hat er schon Wammen¹,
20 wie ein alter Mann, rief Nanni. Er ist ja so fett, so weich, so weich! Sie schnaubte aus der kurzen Nase, ihr kleines Gesicht sah verquollen aus vom Lachen.
Rita hielt sich am Sitz fest. Sie drückte die Finger-
25 kuppen fest ans Holz.
Er hat so was Insichruhendes, sagte Milene. Ich find ihn so ganz nett, Rita, wirklich, komischerweise.
Nanni stieß einen winzigen Schrei aus und warf
30 die Hände auf den Tisch; die Messer und Gabeln auf den Tellern klirrten.
Ich auch, wirklich, ich find ihn auch nett, rief sie. Könnt ihn immer ansehen und mich ekeln.
Der Vater kam zurück, schloss die Esszimmertür,
35 brachte kühle, nasse Luft mit herein. Er war ja so

ängstlich, dass er seine letzte Bahn noch kriegt, sagte er. So was von ängstlich.

Er lebt mit seiner Mutter zusammen, sagte Rita. Sie platzten alle heraus, jetzt auch Milene.

Das Holz unter Ritas Fingerkuppen wurde klebrig. Sie sagte: Seine Mutter ist nicht ganz gesund, so viel ich weiß.

Das Lachen schwoll an, türmte sich vor ihr auf, wartete und stürzte sich dann herab, es spülte über sie weg und verbarg sie: lang genug für einen kleinen, schwachen Frieden. Als erste brachte die Mutter es fertig, sich wieder zu fassen.

Nun aber Schluss, sagte sie, ihre Stimme zitterte, sie wischte sich mit einem Taschentuchklümpchen über die Augen und die Lippen. Wir können ja endlich mal von was anderem reden.

Ach, sagte Nanni, sie seufzte und rieb sich den kleinen Bauch, ach ich bin erledigt, du liebe Zeit. Wann kommt die große fette Qualle denn wieder, sag, Rita, wann denn? Sie warteten alle ab.

Er kommt von jetzt an oft, sagte Rita. Sie hielt den Kopf aufrecht.

aus: „Habgier. Erzählungen.", 1978

[1] Wamme: von der Kehle bis zur Brust reichende Hautfalte an der Unterseite des Halses (z. B. bei Rindern) ► Hautfalte im unteren Bereich des Halses

Ich habe mich verlobt mit ihm.

Am Tisch bewegte sich keiner. Rita lachte versuchsweise und dann konnte sie es mit großer Anstrengung lauter als die anderen, und sie rief: Stellt euch das doch bloß mal vor: mit ihm verlobt! Ist das nicht zum Lachen!

Sie saßen gesittet und ernst und bewegten vorsichtig Messer und Gabeln.

He, Nanni, bist du mir denn nicht dankbar, mit der Qualle hab ich mich verlobt, stell dir das doch mal vor!

Er ist ja ein netter Kerl, sagte der Vater. Also höflich ist er, das muss man ihm lassen.

Ich könnte mir denken, sagte die Mutter ernst, dass er menschlich angenehm ist, ich meine, als Hausgenosse[2] oder so, als Familienmitglied. Er hat keinen üblen Eindruck auf mich gemacht, sagte der Vater.

Rita sah sie alle behutsam dasitzen, sie sah gezähmte Lippen. Die roten Flecken in den Gesichtern blieben noch eine Weile. Sie senkten die Köpfe und aßen den Nachtisch.

[2] Hausgenosse: Mitbewohner in einem Haus, Nachbar

4.2 Den Text planen und schreiben

Nutze die folgenden Aufgaben für deine Schreibplanung:

1. Beschreibe die Situation, in der das Gespräch stattfindet. Wer sind die Gesprächsteilnehmer und was ist der Anlass des Gesprächs? Mache dir Notizen.

   Tipp: Markiere die Figurennamen im Text verschiedenfarbig.

   _____

   _____

   _____

   _____

2. Notiere stichpunktartig, wie die Familienmitglieder Ritas neuen Freund beschreiben. Berücksichtige dabei sowohl den Inhalt als auch die sprachliche Gestaltung.

   Tipp: Lege eine Tabelle an, in der du ähnliche Beschreibungen bündelst.

Persönlichkeitsmerkmal	Beschreibung(en) im Text	sprachliche Gestaltung mit einem Beispiel

3. Untersuche auch die nicht-sprachlichen Äußerungen und die Körpersprache der Figuren. Notiere stichpunktartig Figuren und Gesprächsphasen mit ähnlichem Verhalten.

4. Erläutere den Titel der Kurzgeschichte.

   Tipp: Das Adjektiv „nett" kommt im Text mehrfach vor. Überlege, welche Wirkung es dort jeweils hat und ob sich diese von der Wirkung der Überschrift unterscheidet.

5. Bestimme die Erzählinstanz. Aus welcher Perspektive wird das Geschehen geschildert?

   Tipp: Betrachte vor allem Z. 43–45, 59–61 und 76 f. genauer.

6. Benenne den Wendepunkt der Erzählung. Prüfe, wie sich die sprachliche Gestaltung durch den Wendepunkt in der Geschichte ändert.

7. Formuliere eine Deutungshypothese.

   Tipp: Verwende Oberbegriffe für die Gruppe, ihr Verhalten und die Defizite, die im Gespräch offenbar werden.

8. Verfasse nun deinen Text. Falls du dir nicht mehr sicher bist, nutze die Kästen auf den Seiten 10, 16 f. und 25.

4.3 Den Text überarbeiten

Überarbeite deinen interpretierenden Text mithilfe der folgenden Checkliste. Wenn möglich, lass dir damit auch von anderen Feedback geben.

	trifft zu	trifft zum Teil zu	trifft nicht zu	Zeile … Verbesserungsvorschläge
Einleitung				
Die Einleitung enthält die wesentlichen Informationen zu Textsorte, Titel, Autor und Veröffentlichung.				
In der Einleitung wird der Kerngedanke des Textes genannt und mit einer Deutungshypothese verbunden.				
Strukturierte Zusammenfassung				
Handlung und Aufbau werden prägnant und sachlich richtig wiedergegeben.				
Die Handlungsschritte sind nachvollziehbar dargestellt und ggf. durch Erklärungen ergänzt.				
Die Handlungsmotive der Figuren werden deutlich gemacht.				
Die logischen Zusammenhänge wie Ursachen und Folgen werden verdeutlicht (mithilfe geeigneter Formulierungen, z. B. Verknüpfung der Sätze durch Konjunktionen, Subjunktionen und Adverbien).				
Analyse und Deutung des Erzähltextes				
Alle für die Aufgabe wesentlichen Aspekte von Erzählinstanz und Darstellungsweise werden korrekt beschrieben.				
Die beschriebenen Aspekte werden auf die Deutungshypothese bezogen und ihre jeweilige Wirkung wird dargelegt.				
Die wesentlichen sprachlichen Gestaltungsmittel wurden erkannt.				
Die Einstellung der Figuren wird klar umrissen.				
Argumentative, sprachliche und stilistische Gestaltung des interpretierenden Textes				
Die Thesen / Behauptungen werden durch passende Textbelege unterstützt.				
Textzitate sind gut gewählt und korrekt in die Argumentation integriert.				
Es werden eigenständige, strukturierende und abstrahierende Formulierungen verwendet.				
Die Sätze sind z. B. mit Konjunktionen, Subjunktionen und Adverbien verknüpft.				
Der Stil ist sachlich und fachsprachlich.				
Rechtschreibung und Zeichensetzung sind korrekt.				

Vergegenwärtige dir nach dem Überarbeiten die Arbeitsschritte des Schreibprozesses. Überprüfe anhand des Flussdiagramms, ob dein Text alle Anforderungen an einen interpretierenden Text erfüllt.

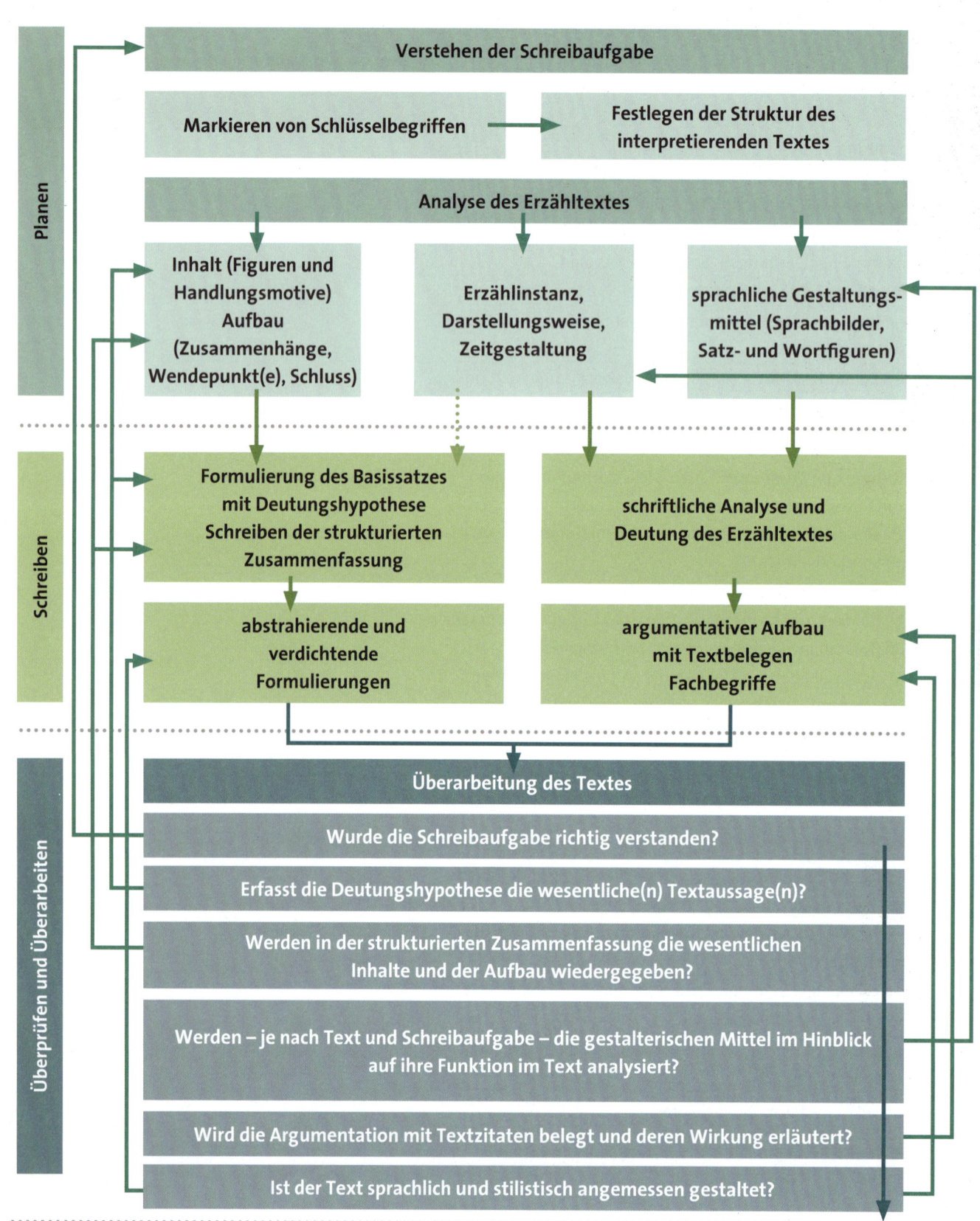

Planen

- **Verstehen der Schreibaufgabe**
  - Markieren von Schlüsselbegriffen → Festlegen der Struktur des interpretierenden Textes
- **Analyse des Erzähltextes**
  - Inhalt (Figuren und Handlungsmotive), Aufbau (Zusammenhänge, Wendepunkt(e), Schluss)
  - Erzählinstanz, Darstellungsweise, Zeitgestaltung
  - sprachliche Gestaltungsmittel (Sprachbilder, Satz- und Wortfiguren)

Schreiben

- Formulierung des Basissatzes mit Deutungshypothese; Schreiben der strukturierten Zusammenfassung
- schriftliche Analyse und Deutung des Erzähltextes
- abstrahierende und verdichtende Formulierungen
- argumentativer Aufbau mit Textbelegen; Fachbegriffe

Überprüfen und Überarbeiten

Überarbeitung des Textes

- Wurde die Schreibaufgabe richtig verstanden?
- Erfasst die Deutungshypothese die wesentliche(n) Textaussage(n)?
- Werden in der strukturierten Zusammenfassung die wesentlichen Inhalte und der Aufbau wiedergegeben?
- Werden – je nach Text und Schreibaufgabe – die gestalterischen Mittel im Hinblick auf ihre Funktion im Text analysiert?
- Wird die Argumentation mit Textzitaten belegt und deren Wirkung erläutert?
- Ist der Text sprachlich und stilistisch angemessen gestaltet?

☺ **fertig! geschafft!** ☺

Einen interpretierenden Text verfassen